斜槓古人

一些微浮誇、小荒唐的古人日常

古代當官有試用期╳宋朝人數學很好

梁朝有個宇宙大將軍╳元朝也有洗門風

孟飛、呂雙波 — 編著

目錄

九、隋唐五代

十、宋朝

十一、元朝

十二、明朝

前言

我們每天都在接受新知，但這並不妨礙我們多了解一點點歷史、多學習一點點文化。每當我們置身歷史場景，耳旁都是金玉珠璣的回音，或厚重或警醒，或震撼或多彩，讓我們回味也讓我們深思。

中華千年的歷史浩繁宏大，而古今中外的典籍更是汗牛充棟，如何在有限的時間裡盡覽文明精髓、通曉自然山水，對於忙碌的現代人來說，並不是一件容易的事。因此，若能夠有所選擇地閱讀最有價值的文化、最想知道的歷史，與最想瀏覽的古蹟，無疑是讀者心之所向，而這也正是寫作本書的初衷。

本書內容翔實，形式新穎，通俗易懂，具有很強的知識性、可讀性及趣味性。但因涉及眾多典籍記載，紛繁冗雜，筆者所閱有限，難免有遺漏和偏差，唯願讀者提出批評意見。

一、開天闢地

文明的開始，就是這麼樸實無華

西元前三千年是中華文明初起的時代，有「三皇五帝」之說。

「三皇」的說法不一，一般認為是伏羲、女媧與神農。傳說伏羲氏教民結網，從事漁獵畜牧，致嫁娶，以儷皮為禮（儷皮，即成對的鹿皮），創八卦，造書契，以代結繩之政；女媧在伏羲氏以後，為天下共主，作笙簧，是音樂的創始者，傳說她煉石以補天，聚蘆灰以止滔水；神農氏（炎帝）繼女媧，傳說是農耕和醫藥的發明者，又創造了五弦琴，開始出現了蠟祭和市場，至他開始，中華民族開始進入農耕社會。

「五帝」，乃黃帝、顓頊、帝嚳、唐堯、虞舜（《史記．五帝本紀》）。

黃帝，姓姬（或云公孫），號軒轅氏、有熊氏，原居於西北，後遷徙至涿鹿（今河北涿鹿東南）一帶；炎帝傳為神農氏，姜姓，號烈山氏或厲山氏。是時，南方強悍的九黎族，在其首領蚩尤率領之下，和炎帝爭奪黃河下游地區。炎帝失敗，向北逃竄，向黃帝求救，並結為聯盟。黃帝統帥炎、黃二部與蚩尤戰於涿鹿之野，在大將風后、力牧的輔佐下大敗蚩尤，結果蚩尤被殺。涿鹿之戰後，炎黃兩部落發生戰爭，黃帝又擊敗了炎帝。從此，中原各部落咸尊黃帝為共主，炎、黃等部落在黃帝的領導下合併。故中華民族自稱為「黃帝後裔」，又因炎、黃兩部落融合成華夏民族，也稱為「炎黃子孫」。

黃帝之後，最著名的共主有唐堯、虞舜、夏禹等人。禹係夏后氏部落之領袖，姒姓，又稱夏禹。相傳堯治世的末年，洪水氾濫，禹之父鯀奉命治水，花了九年時間卻一事無成，而被堯處死；到了舜即位，禹奉命繼其父治水，其用疏導之法，廣修溝渠，終於根治了水患，從此成了華夏民族的英雄人物，被稱為「大禹」。

跟三皇五帝玩一場排列組合

「三皇五帝」由於實力強大，而成為上古部落聯盟的領導者，一般認為他們應該屬於蒙古人種。而基本上，無論是按照神話傳說還是史書記載，都認為三皇所處的年代早於五帝，但不同史家對「三皇五帝」都有不同的排列組合：

一、「三皇」的排列組合

燧人、伏羲、神農

伏羲、女媧、神農

伏羲、祝融、神農

伏羲、神農、共工

伏羲、神農、黃帝

最後一種說法由於《尚書》的影響力而得到推廣，伏羲、神農、黃帝成為中國最古的三位帝王。此外，漢朝的緯書中稱「三皇」為天皇、地皇、人皇，是三位天神，後來在道教中又將「三皇」分初、中、後三組：初三皇具人形；中三皇則人面蛇身或龍身；後三皇中的後天皇人首蛇身（伏羲），後地皇人首蛇身（女媧），後人皇牛首人身（神農）。

二、「五帝」的排列組合

黃帝、顓頊、帝嚳、堯、舜

宓戲（伏羲）、神農、黃帝、堯、舜

太昊、炎帝、黃帝、少昊、顓頊

少昊、顓頊、帝嚳、堯、舜

黃帝、少昊、顓頊、嚳、堯

其中又以第四種說法最為流行。

如今學者對這一歷史時期的認知難以有共識，因為這時的資料大多和神話傳說糾纏在一起，很難判斷真偽，但是基本上這一時期中國處於原始社會是沒有異議的。而現在最為流行的一種說法是：

最早，黃河流域有一個姬姓部落，首領是黃帝。這個部落大約活動於陝西中部，主要從事農業勞動，附近還有一個以炎帝為首的姜姓部落，雙方經常發生摩擦。最終，兩大部落終於爆發了阪泉之戰，黃帝打敗了炎帝，兩個部落結為聯盟，中華民族也由此誕生

涿鹿之戰：炎黃文明的奠基戰

涿鹿之戰，指的是距今約四千六百餘年前，黃帝聯合炎帝部族，與東夷集團中的蚩尤部族在今河北省涿縣一帶的一場大戰，目的是為了爭奪適於放牧和淺耕的中原地帶。涿鹿之戰也是中國史上最早有記載的戰爭，對於華夏民族由野蠻時代向文明時代轉化影響甚鉅。

關於蚩尤部落的歸屬，學術界多認為其為南方苗蠻集團（亦稱九夷）的首領。早在原始社會中晚期，各個氏族部落之間就時常發生了基於保衛生存空間、血親復仇的武裝衝突。由於這類衝突尚不是以掠奪生產要素和從事階級奴役為宗旨，所以嚴格來說並不是現代意義上的戰爭，而僅僅是戰爭的萌芽，但為了敘述的方便，我們還是將其通稱為「戰爭」。神農伐斧燧、黃帝與炎帝的阪泉之戰、黃帝伐蚩尤的涿鹿之戰，共工與顓頊之間的戰爭，就是這類戰爭的歷史遺痕，其中尤以涿鹿之戰為其最具典型。

原始社會中晚期，在當時廣袤的地域內逐漸形成了華夏、東夷、苗蠻三大集團，其中華夏集團以黃帝、炎帝兩大部族為核心，分別興起於今關中平原、山西西南部和河南西部，融合後遂沿著黃河南北岸，即今華北大平原西部地帶發展。與此同時，興起於黃河下游的今冀、魯、豫、蘇、皖交界地區的九夷部落（東夷集團的一支），也在其著名領袖蚩尤的領導下，以今山東為根據地，由東向西方向發展，開始進入華北大平原。如此，華夏集團與東夷集團之間的一場武裝衝突也就難以避免，涿鹿之戰就是在這種歷史背景下爆發。

據說，蚩尤族善於製作兵器，其銅製兵器精良堅利，部眾勇猛剽悍，擅長角牴，進入華北地區後，就與炎帝部族發生正面衝突。蚩尤族聯合巨人夸父部族和三苗一部擊敗了炎帝族，並進而占據了炎帝族居住的「九隅」，即九州。炎帝族為了維持生存，遂向同集團的黃帝族求援，而黃帝族為了維護華夏集團的整體利益，就答應了請求，將勢力推向東方。如此，便與向西北推進的蚩尤族在涿鹿相遇了。

當時，蚩尤族集結了所屬的八十一支族（一說七十二族），雙方接觸後，蚩尤族便倚仗人多勢眾、武器精良等條件，主動發起攻擊；黃帝族則率領以熊、羆、狼、豹、雕、龍、鴞等為圖騰的氏族，迎戰蚩尤族，並讓「應龍高水」，在上游築土壩蓄水，以阻擋蚩尤族的進攻。

大戰爆發後，適逢濃霧和大風暴雨天氣，很適合來自東方多雨環境的蚩尤族展開軍事行動。所以在初戰階段，適合於晴天作戰的黃帝族處境不利，曾經九戰九敗（九是虛數，形容次數之多）。然而不久，雨季過去，這就給黃帝族轉敗為勝的契機。

黃帝族把握戰機，在玄女族的支援下，乘勢向蚩尤族發動反擊，其利用特殊有利的天候——狂風大作，塵沙漫天，吹號角，擊鼙鼓，乘蚩尤族部眾迷亂、震懾之際，以指南車指示方向，驅眾向蚩尤族進攻，終於一舉擊敗敵人，並在冀州之野（即冀州，今河北地區）擒殺首領蚩尤，涿鹿之戰就這樣以黃帝族的勝利宣告結束。

戰後，黃帝族乘勝東進，一直進抵泰山附近，舉行「封泰山」儀式後方才凱旋西歸，同時「命少昊清司馬、鳥師」（《逸周書·嘗麥》），即在東夷集團中選擇一位能附眾的、名為少昊清氏的首長，繼續統領九夷部眾，並強迫東夷集團與華夏集團結盟。

這場戰爭的大致經過由神話傳說所透露，因此更具體的細節已無從考索，但神話畢竟是歷史的投影，同時也曲折地反映了事實本身。從這個意義上說，涿鹿之戰堪稱為中國古代戰爭的濫觴。

涿鹿之戰中，黃帝族之所以取得最後勝利，在於其戰略比蚩尤族高明。具體而言，即其已開始注意從政治和軍事兩方面作好戰爭準備，「軒轅氏乃修德振兵」（《史記．五帝本紀》）就是證明。在戰爭過程中，黃帝族還善於爭取同盟者，並能注意選擇和準備戰場，巧妙利用有利於己、不利於敵的天候條件果斷反擊，從而一舉擊敗強勁的對手，建立對中原地區的控制。相反，蚩尤族儘管兵力雄厚、兵器裝備優於對手，但由於一味迷信武力，連年對外擴張，「好戰必亡」，已預先埋下了失敗的種子。在作戰策略上，又缺乏對天候條件的應變能力，也沒有準備對黃帝族的大規模反擊，最終遭致敗績。

涿鹿之戰的結果，有力地奠定了華夏集團據有廣大中原地區的基礎，並進一步催化了各氏族部落的融合，取得這場戰爭勝利的部族首領黃帝，也從此成為中華民族的共同祖先，並被逐漸神化。

大禹治的是哪條水

大禹，是中國史上的重要人物，他所創立的夏王朝，是中國史上的第一個王朝。雖然夏王朝還只是一種部落聯盟，和秦漢以後的專制王朝大不相同，但至少已具備了國家形式，使中國史從傳說時代進入信史時代。

在考古工作中，雖然至今還沒有發現夏王朝的直接史料，但是結合古代文獻和考古發現，許多學者認為二里頭的第一、二期古文化遺址，當是夏代文化的遺留。在距今四千兩百年前，中原已經建立起一個具有國家規模的夏王朝，而大禹以治水之功獲得領袖地位，創世垂統，這些說法都有共識；但是，近年在「大禹這個人」以及「治水這件事」上，卻有許多分歧，大致能分為傳統說與新說：

一、大禹身世傳統說

大禹出身於華夏族群（根據是「夏為中國之人」），他出生的地方是四川西部（《史記．六國年表》：「禹興於西羌」）。

二、大禹身世新說

大禹出身於古越人（百越族群），在中原民族大融合的時代，是從東南地區帶著南方農業文化的某些優勢進入中原，獲得領袖地位。距今六七千年的浙江河姆渡、湖南城頭山古文化遺址的發現，都對新說作了有力的支持，而所謂「夏為中國之人」是周代以後才產生的說法。周代以前，夏人許多活動痕跡都在東方，而與大禹有關的古蹟，更是集中於東南地區。至於「禹興於西羌」，是指禹後來到西方的發展而言，並不是「禹始生於西羌」。透過一些出土文物的比較，能看出作為夏王朝國家重器的鼎、鉞和許多玉器，都來源於東南的古越人地區。

一、治水傳統說

大禹治的是哪條「水」，又如何治？傳統的說法似有誇大之處。傳說中的龍門，在陝西韓城與山西河津之間，黃河至此，兩岸峭壁陡立，十分險要，相傳是大禹所鑿，所以龍門又稱禹門口。但按夏代的施工技術水準，絕對完成不了這麼大的工程；又傳說大禹根據不同的水系，劃天下（全國）為九州，但其實夏代初期的疆域絕沒有如此之大，不免互相矛盾，難以自圓其說。

而舜命鯀治水，鯀只懂得堙、填之法，失敗後為舜所殺；禹記取父親治水失敗的教訓，改用疏導之法，終於成功，史實並不會如此簡單，鯀也不會如此之笨。失敗或者成功總是由多種因素所造成，《國語》等古籍就說過大禹治水也是用的堙、填之法，如「堙洪水」、「以息土填洪水」。直到戰國時代，《墨子》才稱大禹治水常用疏導之法，但從大禹時代到戰國時代，相距一千多年，先民治水的方法必然一再改進，傳統說法實際上是把這一千多年的治水功績都歸功於大禹一人了。

二、治水新說

大禹治水，治的並不是滔滔的長江、黃河之水，那時的洪水，實是海侵，也就是海平面上升，海水倒灌到陸地上，而因為這是世界性的天災，所以許多民族都有被洪水所淹的傳說。洪水退後，地面一片淤泥，不加以治理，就不便耕種，而大禹所治理的，正是這種田間水渠的管理，這與《論語．泰伯》所說「盡力乎溝洫」也大致符合。《孟子．滕文公》中說：「當堯之時，洪水橫流，氾濫於天下。」「當堯之時，水逆行，氾濫於中國。」中華大地上的江河，大都是發源於西部，滾滾東流。不論水大水小，都不會「橫流」、「逆行」，只有在海侵時，海水由東向西倒灌，才會出現此種現象。

作為一位出身百越族群，而能夠北上中原發展的部落聯盟領袖，大禹的才能當然不限於治水，在使用青銅器發展生產、建立國家制度、對外用兵（擊退苗蠻族群的進攻）等等方面，也有不少的功績，那為何後人紀念他與崇拜他，卻還是選擇了治水？如今距離大禹時代已有四千多年，我們還是難以根治水患，而幾千年前的先民，對於這位為了治水「勞身焦思，居外十三年，過家門不敢入」的大禹的感激崇敬（《史記．夏本紀》），也就可想而知。至於他當時領導群眾興修水利，限於客觀條件與生產力水準，只能一點一滴地去做，才會長達十三年之久，這才是大禹治水的事蹟越傳越多、越傳越誇大的真實經過。

傻傻分不清的「姓」與「氏」

在六千五百年前的河南省淮陽縣（古稱宛丘）一帶，生活著一個以蟒蛇為圖騰的部落。這個部落當時正處於由母系社會向父系社會轉變的過渡階段，傳說其首領為太昊伏羲氏。

太昊伏羲氏「結網罟，養犧牲，以充庖廚」（《竹書紀年》），繼而又發明了武器，古稱「木兵干戈」，由此贏得了先民的愛戴，被推為部落首領。在太昊伏羲氏的率領下，這一部落先後征服了以雄鹿、鱷魚、猛虎、蒼鷹、巨蜥、紅鯉、白鯊、長鬚鯨為圖騰的八大部落，並取蟒蛇的身、鱷魚的頭、雄鹿的角、猛虎的眼、紅鯉的鱗、巨蜥的腿、蒼鷹的爪、白鯊的尾、長鬚鯨的鬚組成一個新圖騰，這個新圖騰體現了華夏九州的大融合，被太昊伏羲氏命名為「龍」。太昊元年九月初五，在古宛丘，太昊伏羲氏實現了華夏九大部落第一次結盟。從此，太昊伏羲氏「始定四海之廣，制九州」（《竹書紀年》），他將統領的九大部落「號日龍師」（《綱鑒易知錄》）。太昊伏羲氏便成為遠古華夏第一位帝王，被華夏後裔尊為第一代龍祖。

在太昊伏羲氏時代，原始畜牧業迅速發展，九州大地和睦相處，一片太平景象；但最讓太昊伏羲氏傷腦筋的，是當時出生的嬰兒中常常畸形。經過長期地分析觀察，太昊伏羲氏發現，這種現象與當時男女群婚、亂婚的現象有關。在母系社會，人們對交媾生育的認識還十分愚昧，正如《綱鑒易知錄》所云：「知其母，不知其父，知其愛，不知其禮」，侄姑相媾、叔侄相媾、舅甥相媾，群婚、搶婚、亂婚的現象十分普遍。

太昊伏羲氏為了制止亂倫現象，在華夏九州肇始了「制嫁娶，正姓氏」（《綱鑒易知錄》）。他首先自定「風」姓，《帝王世紀》云：「伏羲氏，風姓也。」《竹書紀年》曰：「太昊伏羲氏，以木德王，為風姓。」接著，太昊伏羲氏又為當時社會還存在的母系家族定姓，如嬀、姒、姜、嬴、姚、姬等，這些姓皆帶一「女」字，即指「源於同一女性始祖，而具有共同血緣關係的族屬」。與此同時，太昊伏羲氏又為當時已經出現的以男子為傳承中心的父系家族定氏，並自命為伏羲氏，乃制伏天下犧牲之意；又命「春官為青龍氏，夏官為赤龍氏，秋官為白龍氏，冬官為黑龍氏，中官為黃龍氏」；對天下的庶民百姓，有的以居住地的地形、景物為氏，如石氏、邱氏、高氏、沙氏、江氏、海氏、池氏、洪氏、穀氏等；有的以馴養的動物為氏，如牛氏、馬氏、豬氏、燕氏、羊氏等；有的以周圍常見的植物為氏，如楊氏、柳氏、桑氏、桐氏、茅氏、葉氏、桂氏、梅氏、葛氏、麻氏、花氏等；有的以天地方位為氏，如左氏、東氏、南氏等；有的以天相變化為氏，如雲氏、雷氏、雪氏、陰氏等；還有的以生活用品為氏，如柴氏，庖氏等。至此，華夏九州的部落民既有了姓，也有了氏。

姓和氏在現代是相同的概念，但在遠古之時則有著嚴格的區分。那時以女子為傳承中心的宗族稱姓，以男子為傳承中心的宗族稱氏。正如《通志．氏族略》所言：「三代以前……男子稱氏，女子稱姓。」當遠古的先民們人人都有了姓和氏之後，太昊伏羲氏就開始規範嫁娶。宋朝羅泌撰的《路史》注引《古史考》曰：「上古男女無別，太昊始制嫁娶，以儷皮為禮；正姓氏，通媒妁，以重人倫之本，而民始不瀆。」據《通志》記載，太昊時規定：「氏同姓不同者，婚姻互通，姓同氏不同，婚姻不可通。」

華人現行的姓氏，是在遠古姓氏的基礎上演變而來。而隨著母系社會的分化和瓦解，以及氏族社會的鞏固和發展，遠古姓的概念逐漸被削弱、淡化，乃至遺忘。從黃帝以後到西周初始近一千多年內，姓已逐漸變得可有可無。現今的姓氏，多數確立於春秋至秦漢時期，有的則更晚。在這一時期，姓和氏之間的差別已逐漸消失，人們乾脆把姓氏合一，「姓」開始成為姓氏的總稱，亦即現代姓的真正含義。目前世界華人使用的姓氏有三千五百多個，大部分都可追溯起源。

這些姓氏確立的途徑大致有以下四種：

一、由遠古傳承而來。如「龍」姓，乃太昊伏羲氏所命青龍氏、黃龍氏、赤龍氏的後裔。而大量的姓氏則是太昊伏羲氏時期以居住地的景物、馴養的動物、周圍的植物等所確定的氏。到了春秋或秦漢，還有的氏族後裔為尊其族中聲名顯赫的先賢，往往以之為始祖，並取其姓氏為姓。如李姓，共尊老子李耳為始祖，認定起源於河南鹿邑。事實上，老子的父親也是周王室的官吏，在老子之前，李姓也傳承了千年之久。

二、自周王朝起實行分封制，出現了大量的諸侯國和封邑之地，於是很多人就以國為姓，以封邑為姓，以官職為姓，而丟捨了原來的姓氏。例如史載西周時，周武王之婿媯滿官拜胡公，受封於宛丘，繼而建立陳國，世稱陳胡公，後裔以國為姓，現今全世界的陳姓華人，均到淮陽縣尋根祭祖。

三、賜姓。如張姓共尊黃帝之孫張揮為始祖。遠古時，張揮發明了弓箭，授官為弓正，被賜為張姓。其後裔多活動於河南省鹿邑縣、濮陽縣一帶，故鹿邑、濮陽就是張姓的起源地。

四、或源於某種職業、技藝，或源於某一事件，或源於先人的爵位、謚號、排行次第等，也有的是由於某種原因改姓。

總之，中華姓氏的形成有著各種各樣的背景，非常複雜，有的一姓多源，有的多姓同源。現代華人的姓氏有數千個，姓氏起源地達千處之多。但追根求源，萬姓皆起源於太昊伏羲氏「制嫁娶、正姓氏」的創舉。

二、夏朝

鈞臺之享：撐不過兩代的禪讓制

傳說禹年老的時候，曾經到東方視察，並且在會稽山（在今浙江紹興一帶）召集許多部落的首領。朝見禹的人手裡都拿著玉帛，儀式十分隆重。有一個叫做防風氏的部落首領，到會最晚，禹認為怠慢了他的命令，便把防風氏斬了，說明禹已經從部落聯盟首領變成名副其實的國王。

禹原來有個助手叫做皋陶，禹決定推舉他為繼承人；但皋陶卻先他而逝，皋陶的兒子伯益也做過禹的助手。按照禪讓的制度，本來是應該讓伯益做禹的繼承人，但當禹死後，部落聯盟中一些有權勢的大家族擁立禹的兒子啟，群起反對伯益。啟趁動亂殺了伯益，奪得了王位（約西元前一九八八年到一九七九年），建立夏朝。從此以後，「禪讓」制變成了「世襲制」，「公天下」變成了「家天下」。夏，原由夏后氏、有扈氏等十幾個部落組成的部落聯盟的名稱，就變成中國第一個奴隸制王朝的稱號了。

王位世襲制的確立，是走向奴隸制國家的重要標誌之一，這是中國歷史上一場重大的社會變革。夏部落中的同姓邦國有扈氏反對世襲制，起兵造反，啟親率大軍討伐，雙方於甘（今陝西戶縣）展開大戰，有扈氏戰敗後，啟將他的部落全部消滅。於是，眾多邦國首領都到陽翟朝會，啟地鈞臺（今屬河南禹縣）召開諸侯大會，這就是歷史上有名的「鈞臺之享」，此舉更進一步鞏固了新王權，以國王為中心的國家體制也隨之建立。

為什麼到啟的時候，發生了這麼重大的社會變革呢？這不是偶然的，是私有制發展的必然結果。隨著部落戰爭的加劇，越來越多俘虜變成了奴隸。氏族內部由於私有制的發展，耕地逐漸被分配到各個家庭使用，一夫一妻的小家庭開始成為社會的經濟單位。在這種情況下，富有家庭的家長們，為了取得更多財富，開始掠奪本氏族成員的生產要素，社會財富日益集中在少數人手裡，而多數人喪失了生產要素，成為平民、遊民，甚至淪為奴隸，貴族們的財富和奴隸也理所當然地傳給子孫後代。

禹在對外戰爭中不斷勝利，俘獲很多奴隸和財富，這時他的兒子啟看到父親擔任部落聯盟首長，富裕且很有權勢，早就想繼承這個職位；而夏部落的多數奴隸主貴族，也均不願意把這個權力讓給別的部落，才會導致了啟與有扈氏的奪位之爭。

有扈氏的子孫被罰做牧奴，而啟為了鎮壓奴隸、打擊舊勢力，把原來的部落聯盟機構變成專政機關，中國歷史上第一個奴隸制王朝——夏朝出現了。

夏朝的王，你能說得出幾位？

夏朝（大約西元前二〇三三～前一五六二年），是中國歷史上第一王朝。四千多年前，夏部落首領禹因治水有功，得到了虞舜的重用並最終將部落聯盟首領之位禪讓於他，是夏王朝的開端。大禹死後，其子啟即位，即歷史上所謂的「大禹傳子」，宣告了部落聯盟「禪讓制」的結束和封建世襲制的開始。

然而夏的統治並不鞏固，啟在位的時代就發生了伯益叛亂；啟之子太康也治國無方，當政期間更是戰亂紛紛，最後被東夷的后羿奪取了統治權，史稱「太康失國」。后羿與太康相同，終日沉溺於遊獵之中，將政事完全交到國相寒浞手中。寒浞掌權後，殺后羿而代之，自立為王。而後，太康弟仲康之孫少康，與夏朝遺臣伯靡聯手，兵敗寒浞，恢復夏朝的統治地位，史稱「少康中興」，夏朝的統治這才得以鞏固，此後的杼、槐、芒、泄、不降、扃、廑等八代的統治，政治穩定，經濟繁榮。

到夏代的第十三個國王孔甲「好方鬼神，事淫亂」，引起人民不滿和諸侯叛亂，夏朝的統治從此發生危機，只過了四代便導致了亡國之禍，故史書記載「孔甲亂夏，四世而隕」（《國語．周語》）。

夏朝的最後一個王夏桀，是歷史上有名的暴君。他不斷驅使百姓為其建造了無數的宮室臺榭，又大肆興兵征伐，使得諸侯紛紛離去。而這時，黃河下游的一個夷人部落——商，在其首領成湯的領導下興盛。成湯以討伐暴君夏桀為名，發動了滅夏的戰爭。夏桀兵敗，死於南巢（今安徽壽縣），夏朝宣告滅亡。

夏朝距今大約有四千年的歷史，由於年代久遠，加之至今仍未發現任何原始文字記載，故而只能從一些上古典籍及一些傳說中略知一二。近年來，透過對夏都遺址的考古工作及「夏商周斷代工程」的研究，使我們對夏代的政治、經濟及文化等方面的發展又有了新的認識。在河南偃師縣二里頭村發現的二里頭文化正是夏朝文化的代表，其中發現了大量青銅器、陶器及大面積宮殿遺址群。由此看來，夏朝已由石器時代進入了青銅器時代，並且掌握了冶金與鑄造技術，與石器時代相比，生產力水準大大提高。傳說，釀酒業也是由夏朝開始的，《世本．作篇》中就有「伐狄作酒」的記載。另外從一些典籍中可以看到，夏朝已經採用干支紀年，並且出現了中國歷史上最早的「夏時」，這都是當時科學文化水準的見證。

夏朝共經歷十三世、十六王，他們分別是：禹——啟——太康——仲康——相——少康——杼——槐——芒——泄——不降——扃——廑——孔甲——皋——發——桀，前後約四百七十一年。夏作為上古三代的開始，為華夏文明的發展打下了良好的基礎，可以說，沒有夏朝就沒有此後中華民族三千多年光輝燦爛的文明歷史。

夏朝的疆域

夏朝的疆域，西起河南省西部和山西省南部；東至河南省、山東省和河北省三省交界處；南起湖北省，北至河北省。當時夏的勢力延伸到黃河南北，甚至長江流域。夏王朝建都陽城（今河南省登封的東部）、斟鄩（今河南省登封的西北部）、安邑（山西省夏縣西北部）等地。

夏朝的科學技術

在夏代，農業文明到了很高的程度，傳說禹的大臣儀狄開始造酒，夏王少康又發明了秫酒的釀造方法。為了適應農業生產的需求，探索出農事季節的規律，農曆就是那個時代發明的，所以又稱夏曆。

有一大批奴隸從事畜牧工作，還有一些專門從事畜牧業的氏族部落，馬匹飼養很受重視。此外，製陶業在夏代可能已經成為一個獨立的重要行業，至於青銅器，中國已經發現了二里頭文化的銅刀。夏朝的工具都是以石器為主，而夏朝都城出現了車，但還不能確認是人力車還是馬車，因為車轍只有一公尺寬，和商朝的兩公尺寬車轍不同，而商朝已經確認使用馬車了。

「夏姓」二三事

夏姓來源

來源有三：

1、出自姒姓。相傳帝堯時，鯀的妻子女志，在夢裡吃了薏苡而生禹，故帝堯便賜禹以姒為姓。夏禹死後，其子啟繼位，夏王族便有以國為氏，稱為夏氏。

2、出自姒姓。西元前十一世紀，周朝初年分封諸侯，夏禹的後裔東樓公受封於杞（今河南省杞縣），為杞侯。至簡公時，被楚國所滅。簡公之弟佗（本姒姓）出奔魯國，魯悼公因其為夏禹的後裔，分封為侯，稱為夏侯（複姓），其後裔以夏為姓，稱夏氏。

3、出自媯姓，以王父字為氏。西周初年，武王追封帝舜之後媯滿於陳，建立陳國，建都宛丘，以奉帝舜之宗祀。史稱胡公滿、陳胡公。春秋時，傳至第十六位君主陳宣公杵臼時，有庶子名子西，字子夏。其孫徵舒以王父（祖父）之字為氏，稱為夏徵舒，其後遂有夏氏。

夏姓分布

夏氏因得姓很早，故隨著時代的不斷更替，散居尤為廣泛。大致上，秦及秦代以前，夏姓主要在中原生息繁衍，並遷往陝西、山東、安徽、山西、河北等地。如夏徵舒傳至四世孫夏區夫仕陳（今屬河南）為大夫，裔孫夏禦寇仕齊（今山東東部）為大夫；秦始皇時尤御醫夏無且（大致出自陝西夏氏）；秦漢之際，有代（今河北西北部、山西中部與北部等地）相夏說；安徽夏氏出自隨王桀逃至南巢一部分夏王族的後裔；魏晉南北朝以前，夏姓還主要活躍於中國北方廣大地區，特別是中原一帶。

夏姓南遷始於漢代，如西漢時有夏黃公，為鄞人（今浙江寧波市）；東漢有夏方，為九江人（今屬江西）；大舉南遷則為魏晉之際，經過長期繁衍，使得夏姓的分布中心，移向了江南地區；唐宋以後，夏姓主要以江南廣大地區為其繁衍地，廣布於今安徽、浙江、湖南、湖北、江蘇、福建、和廣東、廣西等省，特別是以浙江的分布最為集中，使得夏姓最終成為了中國一個典型北方大姓。

歷史名人

夏昶：明代著名畫家。他不僅善繪畫，而且善書能詩，其詩詞清麗，書工正楷，其畫擅長寫竹石，當時推為第一，有傳「仲昭一個竹，江南十錠金」。宋代以後，是夏姓在文學領域裡最為光輝的時期。

夏圭：南宋傑出的畫家。早年工人物畫，後以山水畫著稱。並與馬遠同時，號稱「馬夏」。畫風灑脫，糅合李唐、范寬與米芾的畫法，用禿筆帶水作大斧劈皴，構圖多作半邊或一角之景，時稱「夏半邊」。

夏侯玄：三國時魏國大臣。精玄理，為玄學的創始人之一，被譽為「四聰之一」。

夏原吉：明朝大臣，為永樂、洪熙、宣德三朝戶部尚書，主持財政二十七年，支應無誤，在詳定賦役，清倉場，廣屯種，修水利等方面均有政績。

夏恭：東漢光武帝時備受人敬仰的學者。依據史籍記載夏恭是當時最負盛名的易學教授，曾經教授生徒達一百餘人，可謂桃李滿天下。

夏無且：在荊軻謀刺秦王之時的侍醫，由於「以藥囊捉荊軻」，而名登《史記・刺客列傳》。

夏育：衛國名震遐邇的勇士，據說他力舉千鈞，能生拔牛尾。

夏朝人也看流星雨

關於夏朝的文化，雖因文獻不足，還看不到它的全貌，但正如《論語》所說：「殷因於夏禮，所損益可知也；周因於殷禮，所損益可知也。」夏朝文化的發展，直接為商、周兩朝文化的繁榮奠定了基礎。

春秋魯太史引《夏書》有「辰不集於房」的記載①，就是說在某年某月朔日發生在房宿位置上的一次日食。這次日食，現存《尚書》把它繫在仲康時期的〈胤征〉中，近代學者有的推算在西元前二一六五年，有的推算在西元前一九四八年，相差頗遠，但都公認為是世界上最早的日食紀錄；又《竹書紀年》謂夏帝癸十年「夜中星隕如雨」，如果這一記事可信的話，那末至遲在西元前十六世紀初，中國就有了流星雨的紀錄。

中國傳統的干支紀日法起源很早，夏朝末期的帝王有孔甲、胤甲、履癸（桀）等，都以天干為名，說明當時用天干作為序數已很普遍。

夏朝曆法是中國最早的曆法，當時已能依據北斗星旋轉斗柄所指的方位來確定月分，夏曆就是以斗柄指在正東偏北，所謂「建寅」之月為歲首。《左傳》載「夏數得天」，即是說夏朝的曆數正確反映了天象，而保存在《大戴禮記》中的〈夏小正〉，就是現存的有關夏曆的重要文獻。

三、商朝

盤庚很忙：內鬥、淹水與遷都

商湯建立商朝的時候，最早的國都在亳（音ㄅㄛˋ，今河南商丘）。在之後三百年當中，都城一共搬遷了五次，因為王族內部經常爭奪王位，再加上黃河下游常常鬧水災。

從商湯開始傳了二十個王，才傳到盤庚手裡。盤庚是個能幹的君主。他為了改變當時社會不安定的局面，決心再一次遷都；可是，大多數貴族貪圖安逸，都不願意搬遷，一部分有勢力的貴族還煽動平民反對。但最終，盤庚終於還是帶著平民和奴隸渡過黃河，搬遷到殷（今河南安陽小屯村），使衰落的商朝復興，爾後二百多年，一直沒有遷都。

考古工作者在安陽武官村一座商王大墓中，除了發掘出大量的珍珠寶玉等奢侈的陪葬品之外，還有許多奴隸殉葬：旁邊的墓道裡，一面堆著許多無頭屍骨，一面排列著許多頭顱。據甲骨片上的文字記載，商人祭祖也會大量屠殺奴隸做供品，最多的竟達到兩千六百多名！這是當年奴隸主殘酷迫害奴隸的罪證。

爭王位，爭出嫡長子制

中央官職

夏初確立了王位世襲制度，由夏到商的王位繼承，基本上是父死子繼，輔以兄終弟及。由於嚴格的王位繼承制度沒有完全形成，在商代中期，連續發生「弟子或爭相代立」的現象。到武丁以後，嫡長子繼承制度才逐漸確立，王室內部逐漸趨於穩定。

以王室為中心的眾多貴族，有的是「舊邦」舊族，而更多是王室近親不斷建立的新宗，由此而產生「多子族」。這些新舊貴族，有的受封在外地建成侯伯之國，有的在王室擔任各級官職，是商王朝的支柱，也是奴隸主階級的主要組成部分。

神職官吏

商代有一批神職官吏，如巫在政治上還是一種重要力量。巫總管一切「神事」，所有的

「民事」又都要塗上「神事」的色彩，所以巫對一切軍國政事都能發揮直接或間接的支配作用。以巫為首，有祝、宗、卜、史等專職人員，組成相當龐大的巫職機構。

商人事無大小都要占卜，以預測吉凶，決定行止。商代有很多的卜人、貞人，專管占卜事務，殷墟出土的大量卜辭，就是商代後期王室的占卜紀錄。

邦畿劃分

商王朝把統治地區分成畿內和畿外兩大部分：

畿內是商王室直接統治的部分，畿外是眾多方國分布的地區。在一些方國之間比較偏僻的山林之地和方國以外比較邊遠的地區，分散著一些發展不平衡的少數民族部落，這就是商王朝統治地區的基本輪廓。

邦畿之內除王都以外，有不少的城邑為王室的諸子和其他貴族的封地。這些封地和畿外的方國，性質雖然有所不同，但都要接受商王的封號，成為王室的臣屬。

班爵制度，商代已經比較普遍地實行，侯、伯、子、男等爵位，都見於卜辭。班爵制度規定了貴族的等級，明確了方國的地位，是奴隸制國家的一種組織形式。

如何跟一名商朝人說現在幾點？

甲骨文

商代已有豐富的文獻典籍，由占卜積累的大量甲骨卜辭，還有專職的史官「作冊」，收藏有不少典籍，現存《尚書》的〈商書〉只是其中的一小部分。〈盤庚〉三篇是比較可信的篇章，共有一千兩百多字，語言生動，文字簡練，是有關商代歷史的重要資料。

天文曆法

在商代甲骨卜辭中已有日食、月食和星辰的記載，而由於農業生產的需要，商代已經有了比較完備的曆法。根據甲骨卜辭可以看出，當時月有大小，大月三十天，小月二十九天，一年為十二月，因十二個大小月加起來只有三百五十四或三百五十五天，採用閏月來調整一年的天數。這個閏月，在早期卜辭中是放在應當置閏那年最後的一個月即十二月之後，所以叫「十三月」，這在曆法上叫做「年終置閏」法。在晚期的卜辭中，閏月就放在應置閏那一年的某一月，如閏五月，那年當中就有兩個五月，這在曆法上叫做「年中置閏」法，為陰陽合曆。

甲骨「歲」字，象一種有柄之半月形切割工具，古人用歲收割禾穗，又用以切割牲體，故「歲之言穗，言劌」，當是歲的正解。由於以歲收割莊稼，在卜辭中就有指一年的總稱，例如「今歲受年」、「來歲受年」，但其指一年的莊稼收成好壞，不是用作記時；甲骨「年」字也非記時之年，《說文》稱：「年，穀熟也。」《穀梁傳．桓公三年》亦云：「五穀皆熟有年也。」年可能是記若干個收穫季節，如云「自今十年有五，王豐」、「受（有）年」。

早期卜辭中只記日月，晚期卜辭中才出現記時的年，叫作「祀」。商王要根據不同的時間舉行各種不同的祭祀，祭完一遍，一年也就過去了，這與《爾雅．釋天》所說「夏曰歲，商曰祀，周曰年，唐虞曰載」的說法一致。

甲骨卜辭中的「貞，來春，不其受年」、「戊午卜，我貞，今秋，我入商？」中的「春」、「秋」兩字都是一年的意思。由於農業生產的需求，也有可能在商代只有春種、秋收兩段時間的劃分，就用春秋二字來代表一年的時間。

商代的一天內的時間分段，都各有專名：

甲骨卜辭中的「日」與「夕」是相對的，「日」指白天，「夕」指天黑以後至天亮以前的黑夜。

甲骨卜辭中的「明」和「旦」一樣，都是指天亮以後的時間。《說文》云：「旦，明也。」《淮南子．天文》分「明」為晨明，明、旦明三段時間。

「旦」、「明」以後的時間叫做「大采」或「朝」，而之後的時間叫做「中日」，相當於現在的正午；「中日」以後的時間叫做「昃」，象太陽已經偏西，人們需要側頭去看太陽的形狀，例甲骨卜辭有云「昃雨自北」、「昃其雨」。

「小食」是商人下午吃飯的時間，「大食」就是上午吃飯的時間；而從「中日至墉」、「昃至墉，不雨，中日至昃，其雨？」、「墉至昏，不雨？」等辭例看來，可以知道「中日」，「昃」、「墉」、「昏」是先後為序的，「墉」相當於黃昏前的時間。

「小食」以後的時間叫做「小采」、「昏」或「莫（暮）」，「昏」在「墉」之後，可知昏為昏夜，這與《國語》、《魯語》中的「大采朝日……（小）采夕月」的記載一致。

商代衰亡：在沉默中爆發的奴隸們

商代的奴隸

商代奴隸的名目繁多，他們被成批地被驅趕到田野，一般呼之為「眾」、「眾庶」或「庶人」。奴隸除在田間耕作之外，還要在農隙時接受軍事訓練，參加商王和貴族們的狩獵和其他各項繁重的勞役；而一有征伐，就要隨軍服役。而在稱為「百工」的手工業作坊裡，具專門技藝的工匠地位可能稍高一點，但是他們也被用於賞賜、贈與和交易。

商代還有「牧人」、「圉人」等牧放和圈養牲畜的奴隸，即所謂「皂隸」。

統治集團矛盾

商代中葉後，特別是祖甲以後，貴族權勢的鬥爭日益激烈，如貴族微子、箕子、比干等人與紂對立，反映了商王室同貴族之間的矛盾。

從商王朝建立以來，奴隸群眾反抗奴隸主貴族的鬥爭，一直沒有停息，而奴隸逃亡現象的日益嚴重，加重了統治階級內部的混亂現象。特別是在武丁、祖甲以後，更加重了對一般「小人」的迫害，官逼民反使得統治者難以長久統治，故商王的在位時間一般都沒有超過十年。

四、周朝

西元前十一世紀初，周族的力量日益強大，它一面征伐附近小國，一面不斷向東進逼，加劇了與商朝的矛盾。商王帝辛一度將姬昌（周文王）囚羑里，周臣用美女、珍寶進獻商王，帝辛才放了姬昌。爾後，商王朝政治日益腐敗，內外矛盾空前尖銳，姬昌認為伐商條件已成熟，臨終前囑太子發（武王）積極準備伐商。

武王即位以後，聯合庸、蜀、羌、髳、微、盧、彭、濮等許多小國，在牧野誓師，歷數商紂之罪。商紂王發兵十七萬與周軍對陣，但軍士們無心戰鬥，前徒倒戈。商紂王倉惶逃遁，在鹿臺自焚而死，商朝遂亡。

假分封，真殖民，傑出的一手

周族本是以今之洛陽以至涇渭一帶為根據地的「小邦周」（《尚書．大誥》），西元前十一世紀下半葉取代了「大邦殷」（《尚書．召誥》）而為天下共主。為了鞏固西周政權，周公東征，摧毀商殷及其同盟者淮夷的殘餘勢力後，又在全國要衝大封同姓、異姓和古帝王之後，於新占領的東方「以蕃屏周」（《左傳．僖公二十四年》）。

周初這種「分封」，目的在於捍衛周族奴隸主貴族的統治，實際上具有武裝殖民性質。《史記．齊太公世家》載姜齊太公被封到東方營丘就國時說「夜衣而行，犁（黎）明至國，萊侯來代，與之爭營丘」。新來的統治者占有其土地，統治其人民，萊人當然要起而反抗。太公在此情況下建立據點，頗具偷襲性質，所以才有「夜衣而行」的必要。周雖敗殷，但是周族勢力還不及東土，所以又說他「與之爭營丘」。

築城鎮戍與「國」、「野」之分

那時被封的奴隸主貴族及其所率領的公社農民進駐廣大占領區後，首先需要建立一個軍事據點，這在古代文獻中名之曰「城」，只有如此才能武裝鎮壓。

周人拓殖建立的這種「城」，在先秦文獻中也名之曰「國」，而「國」外廣大田土稱之曰

「野」。西周王朝和各諸侯封國都有這種「國」、「野」即「鄉」、「遂」之分，王畿以距城百里為郊，郊內為多，郊外為遂。王朝六鄉六遂，大國三鄉三遂。

周代的「國」和後來的商業城市不同，它對「野」沒有調節生產的功能，其生計一般都要仰賴對「野」的剝削，所以周人的殖民營國也兼闕野，《周禮．天官．冢宰》序的「惟王建國，辨方正位，體國經野，設官分職，以為民極」，就是這個意思。當時的氏族奴隸主就是依存在武裝殖民據點的「城」上，因而有城就有貴族，有貴族就有周族的勢力。《左傳．文公十二年》魯國的襄仲說：「不有君子，其能國乎？」當是歷史事實。

周人用「金」幣嗎？

西周商賈和當時的百工一樣，隸屬於奴隸主貴族，主要是替貴族經營，為其需要服務；而在奴隸主貴族之間的交換中，貨幣主要是「貝」，並以「朋」為計算單位，例如周初銅器《尊》銘云「易貝五朋」，這種賜貝之事屢見不鮮。而西周墓中，殉貝的情況比較商代更為普遍，這些貝、玉石貝、骨貝和陶貝，除了部分作為裝飾品者外，其他都是作為貨幣或貨幣的象徵來殉葬。

周初的「金」，其實是銅，銅本身是一種重要商品，同時也擔負著貨幣的職能。當時青銅器的原料多來自南方，《詩經．魯頌．泮水》中提到淮夷奉獻寶物，在「元龜象齒」外，還有「大賂南金」，這裡的「南金」，就是南方所產之銅，郭沫若云「言以金錫入貢或交易之路，古者南方多產金錫」更是其證。

周朝官制中的「五服」是什麼？

西周地方政府的組織，曾有「五服」、「五等」的說法。所謂「五服」，就是依據諸侯封地的遠近，分封為甸、侯、賓、要、荒五服，「服」就是服事天子之邦國，例如《荀子．正論》云「封內甸服，封外侯服，侯衛賓服，蠻夷要服，戎狄荒服」。

五服最早見於《尚書．禹貢》：「五百里甸服：百里賦納總，二百里納銍，三百里納秸，服四百里粟，五百里米……」而到了漢代，劉歆把「五服」的範圍擴大，出現了「九畿」說。所謂「九畿」，據《周禮．夏官．大司馬》：「九畿之籍，施邦國之政職，方千里曰國畿，其外五百里曰侯畿……」

《尚書》「五服」說至戰國時代的儒家，又重新作了闡述，至於「九畿」說，則完全是漢代儒家學派的一種理想構思圖。實際上，周初的封疆沒有那樣寬闊，也不可能如此整齊劃一。

首先，「五服」把戎狄之服置於蠻夷之服之外，這和實際情況不相符合。因為西周的王畿在陝西，在王畿範圍內就有戎狄，而蠻夷散布在淮水一帶，遠在南邦，與事實完全顛倒；其次，若依「九畿」說，那麼西周疆域東西南北都已擴展至四千里之外，而事實是西周至宣王時代，疆土始得開拓，即使如此，其地域也沒有這樣廣大，所以說《周禮》的記載也與事實不相符合。《尚書·周書》等篇，也未見五服說，只在〈康誥〉中有「侯甸、男邦、采衛」的話，但揣其意，實指侯之甸、男之邦、采之衛而言，並不是各為一服。所以說，所謂「甸」、「服」都是指領土而言，而「五服」、「九畿」，則是泛指領土的廣大而已。

周武王滅商以後，據《左傳·昭公二十八年》載，當時共封「兄弟之國者十有五人，姬姓之國者四十人」；成王時，周公又進一步把文王、武王的兒子與自己的後人分封在全國各地。對分封各地的諸侯，周天子稱同姓為「伯父」，「叔父」，異姓為「伯舅」，「叔舅」。宗法血緣把諸侯和周天子緊密地紐結，達到「封建親戚以蕃屏周」。這種分封制度雖然在商代已開了先例，但當時被分封的邊鄙諸侯與商王朝並無親戚關係，所以時服時叛；而西周將分封制與宗法制結合起來，不僅鞏固了中央政權，也加強了對廣大被征服地區的控制。

西周分封諸侯的爵位，因其封地大小，分為公、侯、伯、子、男五等，《禮記·王制》云「王者之制爵祿，公侯伯子男，凡五等」；《孟子·萬章》記載孟子回答北宮錡周室班爵之問時說：「天子一位，公一位，侯一位，伯一位，子男同一位，凡五等也……天子之地方千里，公侯之地方百里，伯七十里，子男五十里，凡四等；不及五十里，不達於天子，附於諸侯曰附庸。」

依孟子所說，周初應該有無數個方百里、方七十里、方五十里，以及方不及五十里的四方形的封區，這當然是一種幻想。實際上，周初都是因武士已占領的土地而封賜之，例如夏之後裔於杞（今河南杞縣），而遂封之於杞；殷之後裔於宋（今河南商丘南），而遂封之於宋。

這些被分封的諸侯，對周王室來說，是「小宗」，而在自己的封地內，對卿大夫來說，則成為「大宗」。大宗是世代相傳、百世不遷的，而各諸侯在自己的封國內，基本也是按照周王朝的中央職官機構，設官分職，統治奴隸和平民。《尚書．立政》所列的「司徒、司馬、司空、亞、旅、夷、微、盧烝、三亳、阪尹」，就是各諸侯國的封疆官吏。其中司徒、司馬，司空的職司與中央官的任人、準夫、牧相當，是諸侯國的三亳；亞、旅次之，是具體處理各諸侯國軍政事務的卿大夫；夷、微、盧，是西周邊疆少數民族聚居的地區，烝則是他們的君長。「夷、微、盧烝」，泛指臣服於西周王朝的方國首領；「三亳」是監督商朝先王舊都的官吏；「阪尹」是險要地區的守官。

西周的中央官和地方（諸侯國）各級官吏，都是由與周天子有一定關係的奴隸主貴族擔任。《左傳．桓公二年》說：「天子建國，諸侯立家，卿置側室，大夫有貳宗，士有隸子弟」，就是說周天子以嫡長子的身分為王，眾子弟為諸侯，所謂「卿」、「大夫」、「士」實際上是一族之長，世代相襲，這種等級制和宗法制的相互結合，是西周奴隸制國家體制的重要特徵。

西周中央和地方政權機構要比商代複雜和完善些。《周禮》提出「惟王建國，辨方正位，體國經野，設官分職，以為民極」的置官目的而記載了周代王朝的「六官」制度：

（一）天官冢宰，職掌「帥其屬而掌邦治，以佐王均邦國」，稱為「治官」。太宰的職司是「掌建邦之六典」，六典是：一日治典，以經邦國，以治官府，以紀萬民；二日教典，以安邦國，以教官府，以擾萬民；三日禮典，以和邦國，以統百官，以諧萬民；四日政典，以平邦國，以正百官，以均萬民；五日刑典，以詰邦國，以刑百官，以糾萬民；六日事典，以富邦國，以任百官，以生萬民。

（二）地官司徒，職掌「帥其屬而掌邦教，以佐王安擾邦國」，稱為「教官」。大司徒執掌建邦土地的版圖與人民之數，以佐王安擾邦國；小司徒執掌建邦的教法，以「稽國中及四郊都鄙之夫家」。

（三）春官宗伯，職掌「帥其屬而掌邦禮，以佐王和邦國」，稱為「禮官」。大宗伯之職是「掌建邦之天神人鬼地示（祇）之禮，以佐王建保邦國」；小宗伯之職是「掌建國之神位」。

（四）夏官司馬，職掌「帥其屬而掌邦政，以佐王平邦國」，稱為「政官」。大司馬之職是「掌建邦之九法，以佐王平邦國」。

（五）秋官司寇，職掌「帥其屬而掌邦禁」，稱為「刑官」。大司寇之職是「掌建邦之三典，以佐王刑邦國，詰四方」。

（六）冬官司空，《周禮》已散失。

《周禮》六官，排列整齊，制度嚴密，超過以後漢魏之制，所以不少人懷疑其中或有後人託古改制的成分，郭沫若的《周官質疑》、《金文叢考》對這個問題均有精到的論述。但我們覺得如果沒有一些實際施政的基本經驗，也難以憑空想出一套周密的組織系統。

文王治岐：在商朝眼皮底下偷偷壯大

關於周文王所行制度，《孟子．梁惠王下》曰：「昔者，文王之治岐也，耕者九一，仕者世祿，關市譏而不征，澤梁無禁，罪人不孥。」「耕者九一」就是說當時已行井田制度，貴族剝削廣大農奴，地租率約為耕作面積的十分之一，這時周人已進入封建農奴制社會。

周自遷岐以後，與商的往來關係較多，從商文化中吸收了不少對周有用的東西，其中極重要的一項就是文字。一九七七年。考古工作者在周原的一組宮殿遺址中，發現占卜用的甲骨一萬五千餘片，其中有文字的為一百七十片，計五百八十字左右，字數最多的一片有三十字，字體有的較多用剛勁的直筆，有的較多圓筆，契刻的技巧都很熟練。占卜事項也與商相同，為祭祀、征伐、田獵、祈年等。因當時周臣服於商，也有記商王入周境田獵之事的。在這裡還發現了一批器物，內有銅鏃，玉削、青釉硬陶豆及其他陶器，此時周族已掌握了鑄造青銅的技術。

文王治岐時，周的社會經濟、文化的發展都很迅速，武力也日益強大，先後滅掉鄰近許多小國或戎狄部落，後又將國都遷至崇（今西安灃水西），改崇為豐。此時周雖在名義上仍服從於商朝，其勢力卻已構成對商的嚴重威脅。

一場因為河川專利引起的暴動

周朝的統治者為了鎮壓人民，採用十分嚴酷的刑罰。周穆王的時候，制訂了三千條刑法，犯法的人須受「五刑」，如額上刺字、割鼻、砍腳等等，但仍阻止不了人民的反抗。

西周第十個王，周厲王即位，寵信一個名叫榮夷公的大臣，實行「專利」，霸占了一切湖泊、河流，不准人民利用這些天然資源謀生。那時，野外的農夫叫「野人」，住在都城裡的平民叫「國人」，而周都鎬京的國人不滿厲王的暴虐措施，怨聲載道。

大臣召公虎聽到國人的議論越來越多，進宮告訴厲王：「百姓忍受不了啦！大王如果不趁早改變做法，出問題就不好收拾了。」

厲王滿不在乎地說：「你不用急，我自有辦法對付。」於是下了一道命令，禁止國人批評朝政，還從衛國找來一個巫師，要他專門刺探批評朝政的人，說：「如果發現有人在背後誹謗我，你就立即報告。」而衛巫為了討好厲王，派了一批人到處察聽，這批人還敲詐勒索，誰不服他們就隨便誣告，厲王聽信了衛巫的報告後，也殺了不少國人。

厲王見衛巫報告說，批評朝政的人漸漸變少，十分滿意。一次，召公虎去見厲王，厲王洋洋得意地說：「你看，不是已經沒有人議論了嗎？」

召公虎歎了一口氣說：「唉，這怎麼行呢？堵住人的嘴，不讓人說話，比堵住河流還要危險哪！治水必須疏通河道，讓水流到大海；治國家也是一樣，必須引導百姓說話。硬堵住河流，就要決口；硬堵住人的嘴，是會闖大禍的呀！」

厲王撇撇嘴，不去理他，召公虎只好退出。

厲王和榮夷公的暴政越來越誇張，過了三年，也就是西元前八四一年，國人忍無可忍，終於發起了一次大規模暴動。起義的國人圍攻王宮，要殺厲王。厲王得知風聲，慌慌忙忙帶了一批人逃命，一直逃過黃河，直到彘這個地方才停下來。

國人打進王宮，沒有搜到厲王。有人探知厲王的太子靖逃到召公虎家躲了起來，又圍住召公虎家，要召公虎交出太子。召公虎無可奈何，只好把自己的兒子冒充太子送出去，才算把太子保護了下來。

厲王出走後，朝廷裡沒有國王，怎麼辦呢？經大臣們商議，由召公虎和另一個大臣周公主持貴族會議，暫時代替周天子行使職權，史稱「共和行政」。從共和元年，也就是西元前八四一年起，中國歷史才有了確切的紀年。

共和行政維持了十四年之後，周厲王在彘死去，大臣們立太子姬靜即位，就是周宣王。宣王在政治上比較開明，得到諸侯的支持，但經過這一場國人暴動，周朝統治者已經外強中乾，難以重振雄風了。

五、秦朝

秦陵中的黑科技

西元前二五九年正月，嬴政在趙國邯鄲降生了。他十三歲就繼承了秦國國君的王位；二十二歲在舊都雍城舉行了成人加冕儀式，親理朝政；三十九歲出兵擊敗了山東六國最後一個諸侯國，俘虜了齊王建，完成了統一中國的歷史大業。接著他又頒布了一系列法令，逐漸完善了中國史上第一個統一的政權，直到五十歲病死在出巡途中的「沙丘平臺」（今河北巨鹿縣境），結束了短暫的一生。

巨大陵寢神祕莫測

一九六〇年代之前，所有關於秦始皇陵的推測只能停留在文獻記載與傳聞的基礎上；

直到一九七四年三月二十九日，幾位農民一鐝頭驚醒了沉睡的兵馬俑，立刻震驚了世界。當一號俑坑全面勘探試掘不久，又在一號坑北側二十公尺處發現二號兵馬俑坑、三號兵馬俑坑和一座甲字形大墓。單就兵馬俑陪葬坑而言，它占地達兩萬多平方公尺，有真人真馬相仿的陶俑馬八千餘件，青銅兵器數十萬件。這件規模宏大的陪葬坑不僅在中國，甚至在世界陵寢史上也是前所未有的。

神祕莫測的秦陵地宮在司馬遷筆下僅留下極為簡略的記載：「穿三泉，下銅而致槨，宮觀、百官、奇器珍怪徙藏滿之。令匠作機弩矢，有所穿近者輒射之。以水銀為百川、江河大海，機相灌輸，上具天文，下具地理。以人魚膏為燭，度不滅者久之。」考古專家們以此為線索，努力尋找著能揭開秦陵地宮之謎的種種蛛絲馬跡。

謎團一：幽幽地宮深幾許？

據最新考古勘探資料表明：秦陵地宮東西實際長兩百六十公尺，南北實際長一百六十公尺，總面積四萬一千六百平方公尺。秦陵地宮是秦漢時期規模最大的地宮，其規模相當於五個國際足球場。司馬遷說「穿三泉」，《漢官舊儀》則言「已深已極」，說明已挖至不能再挖的地步，至深至極的地宮究竟有多深呢？

神祕的地宮曾引起了華裔物理學家丁肇中先生的興趣，他利用現代高科技探測，推測秦陵地宮深度為五百至一千五百公尺，現在看來這一推測近乎天方夜譚。因為假定地宮挖至一千公尺，就超過了陵墓位置與北測渭河之間的落差，那樣不僅地宮之水難以排出，甚至會造成渭河之水倒灌秦陵地宮的危險。儘管這一推斷懸殊太大，卻首開了利用現代科技方法探索秦始皇陵奧祕的先河。

而根據最新鑽探資料，秦陵地宮並沒有人們想像的那麼深，實際深度應與芷陽一號秦公陵園墓室深度接近。這樣推算下來，地宮坑口至底部實際深度約為二十六公尺，至秦代地表最深約為三十七公尺，但是否如此尚有賴於考古勘探進一步驗證。

謎團二：地宮設有幾道門？

秦陵地宮門道數量問題，其實《史記》中早有答案，只是未引起學者們的重視罷了。《史記》清楚的記載：「大事畢，已藏，閉中羨，下外羨門，盡閉工匠藏，無復出者。」棺槨及隨葬品全部安置放在中門以內，工匠正在中門以內忙碌，突然間「閉中羨門，下外羨門」，工匠「無復出者」，都成了陪葬品。這裡涉及既有中羨門，又有外羨門，其中內羨門不言自明，地宮三道門似乎無可辨駁。

值得注意的是，司馬遷中羨門用了個「閉」字，外羨門則有了個「下」字，說明中羨門是可以開合的活動門，外羨門則是由上向下放置的。中羨門可能是橫向鑲嵌在兩壁的夾槽中，是一道無法開啟的大石門，內羨門可能與中羨門相似，三道羨門很可能在一條直線上。

謎團三：「上具天文」作何解釋？

秦陵地宮「上具天文，下具地理」的說法出自《史記》，其含義是什麼？

著名考古學家夏鼐先生曾推斷：「『上具天文，下具地理』應當是在墓室頂繪畫或線刻日、月、星象圖，可能仍保存在今日臨潼始皇陵中。」近年來，西安交大漢墓發現了類似於「天文」、「地理」的壁畫。上部是象徵天空的日、月、星象，下部則是代表山川的壁畫。由此推斷，秦陵地宮上部可能繪有更為完整的二十八星宿圖，下部則是以水銀代表的山川地理，讓秦始皇的靈魂照樣可以「仰觀天文，俯察地理」，統治一切。

謎團四：地宮埋「水銀」之謎

始皇陵以水銀為江河大海的說法見於《史記》，《漢書》中也有類似的文字。地質學專家常勇、李同先生，先後兩次來始皇陵採樣，經過反覆測試，發現始皇陵封土土壤樣品中果然出現「汞異常」，而其它地方的土壤樣品幾乎沒有汞含量。科學家由此得出初步結論：《史記》中關於始皇陵中埋藏大量汞的記載是可靠的。現代科技終於解開了地宮埋「水銀」的千古謎案。

至於地宮為何要埋入大量水銀？北魏學者酈道元的解釋是：「以水銀為江河大海，在於以水銀為四瀆、百川、五嶽九州，具地理之勢。」原來是以水銀象徵山川地理，與「上具天文」相對應。

謎團五：地宮珍寶知多少？

「奇器珍怪徙藏滿之」一語出自司馬遷筆下，而早於司馬遷的大學者劉向也曾發出過這樣的深切感歎：「自古至今，葬未有如始皇者也。」那麼，這座神奇的地宮珍藏了哪些迷人的珍寶呢？

《史記》明文記載的有「金雁」、「珠玉」、「翡翠」等，其餘還有什麼稀世之寶誰也不清楚。不過，考古工作者曾在地宮西側發掘出土了一組大型彩繪銅車馬，車馬造型之細緻、裝飾之精美舉世罕見。考古工作者還發掘出一組木車馬，除車馬、御官俑為木質外，其餘車馬飾件均為金、銀、銅鑄造而成。地宮外側居然珍藏了如此之精美的隨葬品，那麼，地宮內隨葬品之豐富、藏品之精緻也可想而知。

謎團六：秦始皇使用銅棺還是木槨？

秦始皇使用什麼樣的棺槨？《史記》、《漢書》均未明確記載，司馬遷只留下一句「下銅而致槨」的含糊紀錄，於是有學者據此得出秦始皇使用的是銅棺。但從文獻記載而言，秦始皇未必使用的是銅棺。《史記》與《漢書》明文記載「冶銅錮其內，漆塗其外」、「披以珠玉，飾以翡翠」、「棺槨之麗，不可勝原」，從「漆塗其外」、「飾以翡翠」的描述來看，棺槨恐怕只能是木質的。

從先秦及西漢的棺槨制度考察，使用「黃腸題湊」的大型木槨是當時天子的特權。自命功勞大過三皇五帝的秦始皇，不可能放棄「黃腸題湊」的木槨而改用其它棺槨。

謎團七：地宮有沒有空間？

目前考古勘探表明，秦陵地宮為豎穴式，墓內可能有「黃腸題湊」的大型木槨。如果是豎穴木槨墓，墓道及木槨上部都以夯土密封，這樣一來，墓室內外嚴嚴密密，不會再有空間。

然而李斯則說：「鑿之不入，燒之不燃，叩之空空，如下無狀。」李斯這段話如果記載無誤，那地宮明顯有個外殼。李斯曾以左丞相身分親自主持陵墓工程，對地宮的構造瞭若指掌，加之這段話是當面向聖上彙報的，應該說不會有虛假嫌疑。

按文獻記載推理，地宮是空的，且有較大的空間，但由於考古勘探尚未深入到地宮的主要部位，所以地宮內部究竟是虛是實，目前還是個謎。

謎團八：自動發射器

秦始皇在防止盜墓方面也苦費心機，《史記》記載秦陵地宮「令匠作機弩矢，有所穿進者輒射之」，指這裡安裝著一套自動發射的暗弩，如果記載屬實，乃是中國古代最早的自動防盜器。

秦代曾生產過連發三箭的弓弩，但是安放在地宮的暗弩，當是一套自動發射的弓弩。當外界物體碰到弓便會自動發射，但兩千兩百多年前的秦代何以生產如此高超的自動發射器，也是一大謎團。

謎團九：秦始皇遺體完好嗎？

一九七〇年代中期，長沙馬王堆漢墓女屍的發現震驚中外，其屍骨保存之完好舉世罕見。由此，有人推測秦始皇的遺體是否也會完好地保存下來？

如果單從遺體保護技術而言，相距秦代不足百年的西漢女屍能很好地保護下來，秦代也應具備保護遺體的防腐技術。問題是，秦始是皇死在出巡途中，而且更糟的是正值酷暑，屍體未運多遠，便發出了薰人的腥味，而為了防止腥味擴散，走漏風聲，趙高、胡亥立即派人從河中撈了一筐筐鮑魚，將鮑魚與屍體放在一起，以「亂其臭」。經過五十餘天的長途顛簸，九月，屍骨終於運回咸陽發喪。

秦始皇由死到下葬間隔近兩個月，根據當代遺體保護經驗，一般遺體保護須在死者死後即刻著手處理，如若稍有延誤，屍體本身已開始腐化，恐怕再先進的技術也無能為力。秦始皇遺體途中就開始腐敗，屍體運回咸陽等不到處理，恐怕早已面目全非了，據此推測秦始皇遺體保存完好的可能性很小。

改造長城大作戰

秦國平定了南方之後，匈奴人就成了秦軍最後一個對手。

西元前二一五年，大將蒙恬秉承秦始皇的旨意，去解決匈奴問題。但三十萬強悍的秦軍並沒有立即與匈奴騎兵決戰，而是停在了年久失修的長城邊。春秋戰國時期，為了抵禦匈奴人的侵犯，北方的秦、趙、燕三國都陸續在邊界上修築過長城，而這條長城時斷時續，早已破敗不堪。

但秦軍修建的長城並不只是一堵牆而已，蒙恬改造過的長城是一個可以進攻的體系。

長城的首要作用是預警，最高處的烽火臺就是瞭望哨，為了提前預警，有些烽火臺甚至遠遠突出於長城之外。在長城沿線，秦軍修建了許多由堅固城牆圍起的小城，這裡是戍邊軍民的居所，也是長城工事上的戰鬥支撐點；離開長城有一定距離的後方，秦軍又修築了屯軍要塞，這些要塞既能夠容納眾多的軍隊，又可以囤積大量後勤物資。在出擊匈奴時，就成了大部隊的前進基地，也是長城防線的戰略縱深。

一年多以後，蒙恬大軍基本上完成了長城的改造，此後，裝備先進的秦軍只用了一年，就打敗了匈奴鐵騎，匈奴人暫時退到了大漠深處。而深切體會到長城戰略價值的秦始皇，從內地徵發了一百萬人，沿著幾千公里長的北部邊疆修建長城，《史記》記載：連民夫的屍骨都填平了施工的溝壑！

用身高量刑的奇葩《秦法》

秦朝建立後，繼續推行商鞅變法以來的法家思想和政策，其法制指導思想大致可以概括為以下三個方面：

（一）法令由一統

這有兩層意思，其一是全國都要實行統一的法律令，其二是最高立法權屬於皇帝。

（二）事皆決於法

秦始皇規定以吏為師，事皆決於法。

(三) 以刑殺為威

這主要表現在兩個方面：一是法網嚴密，以致人們動輒觸犯刑律；二是嚴刑重罰。這是商鞅輕罪重刑思想的繼續和發展。

一、秦朝立法概況

一九七五年底發現的湖北雲夢縣睡虎地秦墓竹簡，其中的《秦律十八種》、《秦律雜抄》、《法律答問》、《封診式》是有關秦朝法律的主要內容。

「雲夢秦簡」共一千一百五十五枚，內容極其豐富，法律令文書有《秦律十八種》：《田律》、《廄苑律》、《倉律》、《金布律》、《關市》、《工律》、《工人程》、《均工》、《徭律》、《司空》、《軍爵律》、《置吏律》、《效》、《傳食律》、《行書》、《內史雜》、《尉雜》、《屬邦》。此外還有《效律》，是對核驗縣和都官物資帳目有關制度的規定，其中有的已收錄在《秦律十八種》中。

而《秦律雜抄》包括《除吏律》、《游士律》、《除弟子律》、《中勞律》、《藏律》、《公車司馬獵律》、《牛羊課》、《傅律》、《屯表律》、《捕盜律》、《戍律》共十一種律文的摘錄。

《法律答問》是以問答形式對秦律某些條文、術語以及律文的意圖所作的解釋。

《封診式》是關於審判原則以及對案件進行調查、勘驗、審訊、查封等方面的規定和文書程序。

二、秦朝法律的主要內容和特點

（一）定罪量刑的主要原則

秦律關於定罪量刑的原則有如下幾個方面：

（1）男六尺五寸，女六尺二寸為成年人，達到此身高者始負刑事責任。

（2）有無犯罪意識，也是認定是否構成犯罪的標準。

（3）區分故意（端）與過失（非端）。

（4）併合論罪。即在數罪併發的情況下，將數罪合併在一起處刑的原則。

（5）共犯加重。指兩人或兩人以上所實行的犯罪，社會危害性較大，故處刑較重。

（6）自首減刑。

（7）誣告反坐。秦律稱「誣人」，誣告罪的成立，必須是「端告」，即故意捏造事實，向司法機關控告他人，使無罪者入於罪，或使罪輕者入於重罪。依律對誣告者處以與所誣罪名相應的刑罰，這就是誣告反坐。

（二）刑罰

刑罰的種類如下：

（1）死刑。秦朝沿用戰國以來執行死刑的方法，種類很多，其常用者如下：①具五刑，這是一種以極端殘忍的肉刑與死刑並用的刑罰；②族誅，即因一人犯罪而誅滅其親族的刑罰；③梟首，即將犯人的頭砍下，懸於木杆上示眾的刑罰；④棄市，即在人眾集聚的鬧市，對犯人執行死刑，以示為大眾所棄的刑罰。

（2）肉刑。秦朝除沿用過去的墨（黥）、劓、刵、（分為斬左右趾）、宮以外，還廣泛使用肉刑與勞役刑並用的刑名。

（3）作刑（勞役刑）。作刑是對犯罪者施以強制勞作（役）的刑罰。包括：①城旦、舂。《漢書．惠帝紀》注引應劭曰：「城旦者，旦起行治城」，即早起服築城的苦役；舂，即婦人犯罪應處城旦者，根據生理條件，不去築城，而服舂米的勞役。②鬼薪、白粲。鬼薪是強制男犯去山林砍柴，白粲是強制女犯擇米使正白，兩者皆用以供宗廟祭祀。③司寇、作如司寇。司寇，指伺察寇賊，即強制男犯到邊遠地區服勞役，並以防外寇；女犯作如司寇，指服相當於司寇的勞役。④罰作、復作。罰作與復作是作刑中最輕者，強制男犯到邊遠地區戍守，女犯到官府服勞役，刑期皆三個月至一年。

（4）遷。遷是把犯罪者遷到邊遠地區的刑罰。

（5）貲。所謂貲刑，就是強制犯人繳納一定財物或服一定徭役的刑罰。

（6）誶。誶，就是訓誡。從秦簡看，多用於輕微犯罪的官吏。

此外，秦朝還廣泛沿用過去「籍沒」、「贖」等刑罰。

（三）主要犯罪

秦朝法律令所規定的犯罪種類很多，其中主要的有：

（1）不敬皇帝罪。據秦律令，不僅對皇帝本人有失恭順，而且對其命令有所怠慢，都視為對皇帝不敬。聽命書時，要下席站立，表示恭敬，否則，罰二甲，並撤職，永不敘用。

（2）誹謗與妖言罪。《史記．高祖本紀》載，劉邦攻占咸陽後，對父老豪傑曰：「父老苦秦苛法久矣，誹謗者族，偶語者棄市。」

（3）盜竊罪。

（4）賊殺傷罪。秦簡中有許多關於「賊殺」、「賊傷人」的規定，這種行為對封建統治有嚴重威脅，因此對其鎮壓嚴酷，防範也特別嚴密。

（5）盜徙封罪。盜徙封，就是偷偷移動田界標誌。

（6）以古非今罪。

（7）妄言罪。指發布反對或推翻秦朝統治的言論。

（8）非所宜言罪。指說了不應說的話。

（9）投書罪。指投遞匿名信。

（10）乏徭罪。指逃避徭役。

三、秦朝的訴訟制度

（一）訴訟形式

訴訟形式根據訴訟人在案件中的地位，大致可分兩種：一是官吏，如御史和其他官吏，他們糾舉犯罪，提起訴訟，類似近世的公訴；二是一般平民，主要是當事人，類似近世的自訴。

（二）訴訟程序

秦律訴訟有「公室告」和「非公室告」之分。「賊殺傷、盜他人為公室告」，而「主擅殺、刑、髡其子、臣妾，是謂非公室告」。公室告的案件官府應予受理；非公室告案件則「勿聽」，不予受理。

據《封診式》載，案件發生後，當地的里典要把司法機關決定受理案件的被告人的姓名、身分、籍貫，曾犯什麼罪，判什麼刑，是否赦免，以及曾否逃亡等，寫成書面報告。縣司法機關接受案件後，通常是由縣丞勘驗，然後作出筆錄，稱為「爰書」。《法律答問》

中有對死傷屍身的檢驗爰書、痲瘋病人的醫學鑒定、犯罪現場勘驗筆錄等，可見當時已很重視證據在訴訟中的作用。

（三）審判程序

秦司法機關對當事人的審訊方法和步驟大致如下：

（1）聽取當事人的口供；

（2）根據口供中的矛盾之處和不清楚的地方提出詰問；

（3）對多次改變口供，不老實認罪服罪者，施加刑訊。

審訊後，作出判決，並「讀鞫」，進行宣判。鞫，審訊。讀鞫，就是宣讀判決書；宣讀後，當事人服罪，照判決執行。如稱「冤」，可以請求再審，叫「乞鞫」。乞鞫可以由當事人提出，也可由第三人提出。

那些年秦朝的郵政

春秋戰國時期，各國對郵驛通訊的稱呼都不一樣，秦朝把「遽」、「馹」、「置」等不同名目，統一稱呼為「郵」，從此「郵」便成為書信系統的專有名詞。

在秦朝，「郵」負責長途公文書信的傳遞任務，近距離的另用「步傳」，即派人步行送遞。在郵傳方式上，秦時大都採用接力傳送文書的辦法，沿政府規定固定的路線，由負責郵遞的人員一站一站接力傳達下去。

郵路沿途，都有固定的信使進食和住宿處所。這些休憩處或稱為「郵」，或稱為「亭」。有的研究家認為，這些稱呼是按不同的郵遞方式來決定的，比如：步遞停留之處稱為「亭」，馬遞站稱為「驛」。其實，在秦朝時還不像後來那麼嚴格，如為秦統一立下汗馬功勞的名將白起，其最後被迫自殺的地點，有的書上稱為「杜郵」，但有些書又稱為「杜郵亭」，說明郵、亭實際可以並用；而在始皇陵西側，考古工作者還發現一片瓦，上有瓦文「平陽驛」，說明「驛」在秦時也是郵路上居停點的習慣用法。

秦朝還有「傳舍」的稱呼。如秦末漢初劉邦和說客酈食其見面，便是在一處叫「高陽傳舍」的地方（《史記．酈生列傳》）。楚漢戰爭中，高祖劉邦去奪割據勢力張耳、韓信的大權，也曾住在修武的一處「傳舍」裡（《史記．淮陰侯列傳》）。

至於「亭」，學者有不同的認識，有的認為秦朝的「亭」是一種負責地方治安的組織；有的卻認為「亭」負擔更多遞送公文和郵件的作用。

秦制三十里一傳，十里一亭，亭設有住宿的館舍，而為了保證公文和書信的及時、迅速到達，秦王朝規定了一系列嚴厲的法律。秦朝的《行書律》將文書可分為兩大類，一類為急行文書，另一類為普通文書。急行文書包括皇帝詔書，必須立即傳達；普通文書也規定當日送出，不可積壓。

秦朝時郵傳事務的傳遞者，身分更為低下，已經不再由士以上的官吏擔任，而轉用民間役夫；只有特別重要的文書，才由特殊的人員傳送，而且所經之處任何人不得阻攔。這些特殊人員自然要十分可靠，還須體格強壯，行止輕捷，從他們的名稱上就可以看出這一點，名稱各為：輕車、趆（ㄐㄧㄣˇ）張、引強、中卒（《秦律雜抄》）。

為了保證途中不洩密，秦王朝規定，不同的檔由不同文字書寫，簡冊用大篆小篆，符傳用刻符，印璽用繆篆，幡書用鳥書，公府文書用隸書等等，有效地防止了文書的偽造。另外，簡書一般都在繩結處使用封泥，蓋上璽印，以防途中私拆。

六、漢朝

不可不知的漢代科學小史

天文學、數學的發展

西漢的天文學非常發達，早在《淮南子》一書中，就有「日中有踆烏」的記載，踆烏，也就是太陽黑子的形象；《漢書．五行志》中還有「漢元帝永光元年（西元前四三年）四月，日黑居，大如彈丸」，說明太陽邊側有黑子成傾斜形狀，大小和彈丸差不多。《漢書．五行志》還有更精確的記載：「河平元年……三月己未，日出黃，有黑氣大如錢，居日中央。」這裡把黑子的位置、時間都敘述得十分詳細，是現今世界公認的最早的太陽黑子紀錄，而歐洲比中國晚了九百多年，一直到伽利略在西元一六一〇年方觀察到太陽黑子。

西漢不僅有詳細的天象紀錄，且對天文學的研究盛極一時。馬王堆漢墓出土的帛書《五星占》中有五大行星運行的記載，其也是中國現存最早的天文著作；武帝時，落下閎造渾天儀，太初三年又立日冕儀據刻（水鐘）以求二十八宿的位置；宣帝時，耿壽昌鑄銅為像，以測天象。

西漢數學也有傑出的成就，約在西元前一世紀成書的《周髀算經》是中國現存的最早數學著作，而《九章算術》更是西漢許多數學家的結晶。西漢前期的著名數學家張蒼、耿壽昌等人曾增刪《九章算術》，全書共分九章，按集了二百四十六道數學問題的解法其中記載了當時世界上最先進的分數四則和比例演算、各種面積體積的演算、用勾股定理，以及開平方根、開立方根的方法，且在世界數學史上第一次記載了負數概念和正負數的運算法則。這部書如古希臘歐幾里得的《幾何原本》對西方數學所產生的影響一樣，不僅在中國數學史上占有重要地位，而且影響到朝鮮、日本，並譯成許多種文字。

改良造紙術

造紙術的改良者，為東漢和帝時中常侍蔡倫（西元六二年~西元一二一年）。蔡倫是桂陽（今湖南彬州）人，曾任主管御用器物的尚方令，其利用樹皮、麻頭、破布、魚網，經過挫、搗、抄、烘等一系列加工，製成了紙，並於永元十七年（西元一〇五年）獻給和帝，稱

「蔡侯紙」。

但東漢、三國時期，紙並未普遍使用，人們的書寫材料仍以簡牘和縑帛為主；到了晉朝，造紙術傳到長江流域，那裡有豐富的造紙原料，也產生了較好的紙張，才得普遍推廣，晉人盛行抄書、藏書就是得益於用紙普及。

用生命在走絲路

在西元前二世紀至十三、十四世紀期間，絲綢之路是一條橫貫亞洲的陸路交通幹線，是中國與印度、古希臘、羅馬以及埃及等國進行經濟文化交流的重要通道。

歷史上，不少國家把中國稱作「絲國」。在歐洲曾發現西元前五世紀以前的絲綢，表明那時中國絲綢已進入歐洲；古埃及和古羅馬都將絲綢看作「光輝奪目，人巧幾竭」的珍品；史書記載，凱撒大帝曾經穿過一件中國絲袍到劇場看戲，引起全場轟動；西元前後又由於絲綢輸入，曾引起羅馬貨幣大量外流。

一般認為，陸上絲綢之路最初東以中國長安（今西安）為起點，沿渭水西行，過了黃土高原，透過河西走廊到達敦煌，由敦煌西行則分成南北兩條道路：南路出陽關，沿今塔里木盆地南沿、崑崙山北麓，經古樓蘭（今新疆若羌一帶）、且末、民豐、于闐、和田、墨玉、皮山、葉城、莎車，到達喀什。北路出玉門關，沿今塔里木盆地北沿、天山南麓，經過吐魯番、庫爾勒、庫車、拜城、阿克蘇、巴楚到達喀什。南北兩路在喀什匯合後，繼續往西，登上帕米爾高原，這是最難走的一段路。然後經過阿富汗、伊朗和中亞諸國，再過地中海，最後到達絲綢之路的終點：羅馬和威尼斯。後來，又開闢了一條北新道，從敦煌經哈密，沿著天山以北的準噶爾盆地前進，渡伊黎河西行到古羅馬帝國。

在古代交通工具簡陋的條件下，中外商人和使者們行走在這條絲綢之路上，旅程十分艱難。新疆羅布泊附近有一個叫做「雅丹」的險峻山丘地帶，一千七百年前，晉朝高僧法顯去印度取經，路過這裡差一點送了性命。他以極為恐怖的筆調描寫：「沙河中多有惡鬼熱風，遇則皆死，無一全者。上無飛鳥，下無走獸，遍望極目，欲求渡處，則莫知所以，唯以死人枯骨為標幟耳。」唐朝大詩人李白則描寫了絲路上的惡劣天氣：「五月天山雪，無花只有寒。」可貴的是，即使條件如此艱難，古代先驅者仍在兩千多年前開拓了這條具有世界意義的通道，而在這條長達七千多公里的絲路開闢史中，有兩位人物貢獻良多，就是張騫和班超。

張騫是西漢武帝時人，他在西元前一三八年和西元前一一九年兩次出使西域。當時的西域，是指現在甘肅玉門關以西包括新疆、中亞直到歐洲的廣大地區。第一次出使，漢武帝交給張騫的任務，是命他聯絡西域的大月氏（在前蘇聯中亞地區和阿富汗一帶）國，共同抵禦北方的匈奴，從而打通中原往來西域的通路，但他和部下一百多人剛出了玉門關，就被匈奴人捉住，把他們扣留了十多年，最後只剩下一個匈奴族人堂邑父還跟著他。他倆憑著機智，才在一天夜裡偷偷離開匈奴軍營，歷盡千辛萬苦才回到漢朝，並把所熟悉的西域各國情況向漢武帝報告。

幾年以後，漢武帝第二次派張騫出使西域。這一回張騫到烏孫（今新疆伊寧南），和烏孫王結成了很好的朋友，他還派同去的三百使者分別到了大宛、康居（皆在前蘇聯中亞地區）、大月氏、大夏（在今阿富汗北部）、安息（今伊朗高原和兩河流域）、身毒（今印度、巴基斯坦）和于闐（今新疆和田）而當張騫回國時，烏孫王特送漢武帝良馬數十匹。張騫出使西域後，西域和漢朝的來往越來越頻繁，絲路上每年都有大批使者來往，多則數百人，少則百餘人，民間商隊更是絡繹不絕。至此，世界幾大文明發源地聯結起來，古羅馬、古埃及、古阿拉伯、古印度等，都和古代中國有了密切交往。張騫兩次出使西域後不久，漢朝中央政府就在今新疆設置了軍政機構，任命了西域都護。

班超是東漢人，東漢明帝時被任命為行軍司馬，帶領三十六人出使西域。這時，匈奴的勢力再次壯大，龜茲（今新疆庫車）國王倒向了匈奴，並仗勢欺負鄰國疏勒（今新疆喀什），派人把疏勒國王殺死，而另立龜茲人兜題做疏勒王。班超在離疏勒城九十里的地方住下，然後派部下到疏勒，趁兜題不備，突然闖上前把他捆綁起來，把兜題的手下人都嚇呆了，驚惶逃走。班超來到疏勒以後，立即召集疏勒文武大臣說明來意，當眾宣布仍立疏勒王室舊人為王，受到了疏勒人的擁護，還放回了龜茲國人兜題。這些正義之舉，使班超在西域的威望越來越高，連漢朝政府要把他調回時，許多人都不捨他走，甚至抱住馬腿跪著挽留他。

絲路的開闢有著極為深遠的意義，它經過中亞、西亞，可與東南歐及北非的交通線相銜接，構成了世界性的東西大商道。不僅在兩漢時期，而且在唐、宋、元、明時期，它始終發揮著重要作用，成為古代東西方文明聯繫的主要紐帶。

上林苑：直擊漢武帝的豪華花園

其實，早在秦代就已經有上林苑，但範圍不大，大致在秦都咸陽渭河以南的今長安戶縣地區，這裡川原秀麗，河流縱橫，風景優美，是皇家遊玩打獵的理想地區。秦惠文王在上林苑修建阿城，秦昭王闢為王室苑囿，而秦始皇在上林苑修建規模極大的阿房宮。《三輔故事》說，秦始皇在上林苑修了一百四十六所離宮別館。據《史記》載，秦二世在趙高「指鹿為馬」以後，到上林苑齋戒，每天遊獵，一見有人就射死。秦朝末年，上林苑毀於戰火。

漢朝初年，西元前一九五年開放上林苑，讓農民開墾土地、耕種莊稼；西元前一三八年，為了遊玩打獵，漢武帝就派官員擴建上林苑，並強令遷徙農民，侵奪土地宅產，讓他們到關中渭河以北開墾荒地。這時，東方朔出來為民請命：「終南山物產豐富，關中田地土壤肥沃，給各種工匠提供了原料，給老百姓提供了穿衣吃飯的生活依賴。如果把這些良田沒收去建上林苑，就減少國家收入、破壞農業生產。」但漢武帝未採納此言，仍廣開上林苑。

根據司馬相如的〈上林賦〉、揚雄的〈羽獵賦〉、班固的〈西都賦〉和張衡的〈西京賦〉，上林苑周長二十多公里，開有十二道苑門。其範圍大體包括今天的藍田、長安、戶縣、周至、興平五個縣（市）和西安、咸陽兩個市區，東西直線長約一百公里，南北直線長約三十公里，總面積為兩千五百至三千平方公里，這樣大的面積在歷代皇家園林中絕無僅有。

秦漢宮苑「一池三山」

秦始皇統一中國後，營造宮室，規模宏偉壯麗，當中也有園林建設如「引渭水為池，築為蓬、瀛」；到了漢代，又在囿的基礎上發展出新的園林形式——苑，苑中養百獸，供帝王射獵取樂，保存了囿的傳統。苑中有宮、有觀，成為以建築組群為主體的建築。漢武帝劉徹擴建上林苑，地跨五縣，周圍三百里，而建章宮是其中最大宮城，「其北治大池，漸臺高二十餘丈，名曰太液池，中有蓬萊、方丈、瀛洲、壺梁，象海中神山、龜魚之屬」，而這種「一池三山」的形式，成為後世宮苑中池山之築的範例。

苑

大的苑廣袤百里，擁有天然植被、野生或畜養的飛禽走獸，供帝王射獵行樂，還建有供帝王居住、遊樂、宴飲用的宮室建築群；小的苑築在宮中，只供居住、遊樂，如漢建章宮的太液池、三神山，可稱為「內苑」。

歷代帝王不僅在都城內建有宮苑，在郊外和其他地方也建有離宮別苑，有的供朝賀和處理政事的宮殿，也稱「行宮」。著名的宮苑，漢有上林苑、建章宮，南北朝有華林苑、龍騰苑，隋有西苑，唐有興慶宮、大明宮和九成宮，北宋有艮嶽，明有西苑（發展為現今的北海、中海、南海），清有圓明園、清漪園（後擴建為頤和園）和避暑山莊等。

上林苑

漢武帝劉徹於建元二年（西元前一三八年），在秦代的一個舊苑址上擴建而成的宮苑，規模宏偉，宮室眾多，有多種功能和遊樂內容，今已無存。

上林苑據《漢書．舊儀》載：「苑中養百獸，天子春秋射獵苑中，取獸無數。其中離宮七十所，容千騎萬乘。」可見仍保存著射獵遊樂的傳統，但主要內容是宮室建築和園池。據《關中記》載，上林苑中有三十六苑、十二宮、三十五觀，而三十六苑中有供遊憩的宜春苑，供御人止宿的御宿苑，為太子設置招賓客的思賢苑、博望苑等。上林苑中有大型宮城建章宮，還有一些各有用途的宮、觀建築，如演奏音樂和唱曲的宣曲宮；觀看賽狗、賽馬和觀賞魚鳥的犬臺宮、走狗觀、走馬觀、魚鳥觀；飼養和觀賞大象、白鹿的觀象觀、白鹿觀；引種西域葡萄的葡萄宮和養南方奇花異木如菖蒲、山薑、桂、龍眼、荔枝、檳榔、橄欖、柑桔之類的扶荔宮；角牴的表演場所平樂觀；養蠶的繭觀；還有承光宮、儲元宮、陽祿觀、陽德觀、鼎郊觀、三爵觀等。

上林苑中還有許多池沼，見於記載的有昆明池、鎬池、祀池、麋池、牛首池、蒯池、積草池、東陂池、當路池、大一池、郎池等。其中昆明池是漢武帝元狩四年（西元前一一九年）所鑿，在長安西南，周長四十里，列觀環之，又造樓船高十餘丈，上插旗幟，十分壯觀。據《史記．平準書》和《關中記》記載，修昆明池是武帝用來訓練水軍；又據《三輔故事》：「昆明池三百二十五頃，池中有豫章臺及石鯨，刻石為鯨魚，長三丈。」又載：「昆明池中有龍首船，常令宮女泛舟池中，張鳳蓋，建華旗，作濯歌，雜以鼓吹。」並在池的東西兩岸立牽牛、織女的石像。

上林苑既有優美的自然景物，又有華美的宮室群分布其中，是包羅多種皇家生活型態的園林總體，也是秦漢時期建築宮苑的典型。

建章宮

漢武帝於太初元年（西元前一〇四年）建造的宮苑。《三輔黃圖》載：「周二十餘里，千門萬戶，在未央宮西、長安城外。」武帝為了往來方便，跨城築有飛閣輦道，可從未央宮直至建章宮，並在周邊築有城垣。

就建章宮的布局來看，從正門圓闕、玉堂、建章前殿和天梁宮形成一條中軸線，其他宮室分布在左右，全部圍以閣道。宮城內北部為太液池，築有三神山，宮城西面為唐中庭、唐中池。中軸線上有多重門、闕，正門曰閶闔，也叫璧門，高二十五丈，是城闕式建築。後為玉堂，建臺上。屋頂上有銅鳳，高五尺，飾黃金，下有轉樞，可隨風轉動。在璧門北，起圓闕，高二十五丈，其左有別鳳闕，其右有井幹樓。進圓闕門內二百步，最後到達建在高臺上的建章前殿，氣魄十分雄偉，宮城中還分布眾多不同組合的殿堂建築。璧門之西有神明，臺高五十丈，為祭金人處，有銅仙人舒掌捧銅盤玉杯，承接雨露。

建章宮北為太液池。《史記．孝武本紀》載：「其北治大池，漸臺高二十餘丈，名曰太液池，中有蓬萊、方丈、瀛洲、壺梁，象海中神山，龜魚之屬。」太液池是一個相當寬廣的人工湖，其中「一池三山」的布局成為後世創作池山的範本。

太液池畔有石雕裝飾。《三輔故事》載：「池北岸有石魚，長二丈，廣五尺，西岸有龜二枚，各長六尺。」《西京雜記》有關於太液池畔植物和禽鳥的記述：「太液池邊皆是雕胡（茭白之結實者）、紫擇（葭蘆）、綠節（茭白）之類……其間鳧雛雁子，布滿充積，又多紫龜綠鱉。池邊多平沙，沙上鵜鶘、鷓鴣、鵁青、鴻猊，動輒成群。」

太液池三神山源於神仙傳說，據之創作了浮於大海般巨浸的悠悠煙水之上，水光山色，相映成趣；岸邊滿布水生植物，平沙上禽鳥成群，生意盎然，開後世自然山水宮苑的先河。

七、三國時代

一個字描述三國——亂

東漢中平六年（西元一八九年）靈帝死，劉辯繼立為少帝。執政的何太后兄何進聯絡西園八校尉之一的袁紹，殺統領八校尉兵的宦官蹇碩。袁紹、何進等密謀盡殺宦官，並召并州牧董卓入洛陽為援。當宦官殺何進，而袁紹又盡殺宦官之時，董卓率兵入洛陽，盡攬朝政。他廢黜少帝，另立劉協為帝，即漢獻帝。董卓的專橫激起了東漢朝臣和地方牧守的反對，釀成大規規模的內戰。

董卓入洛後，袁紹出奔冀州，東郡太守橋瑁假東漢三公名義，要求州郡興兵討伐董卓，關東州郡紛紛響應。他們分屯要害，推袁紹為盟主，相機進攻董卓。初平元年（西元一九〇年），董卓避關東兵鋒，挾持漢獻帝西遷長安。關東聯軍本是烏合之眾，彼此欺詐併吞，不久就分崩離析了。初平三年長安兵變，董卓被殺，關中混亂不已。

經過激烈的混戰以後，到建安元年（西元一九六年）時，全國形成許多割據區域：袁紹占據冀、青、並三州，曹操占據兗、豫二州，韓遂、馬騰占據涼州，公孫瓚占據幽州，公孫度占據遼東，陶謙、劉備、呂布先後占據徐州，袁術占據揚州的淮南部分，劉表占據荊州，劉璋占據益州，孫策占據揚州的江東部分，士燮占據交州。此外，張魯以道教的組織形式保據漢中地區，置祭酒以治民。在這些割據者中，勢力最強也最活躍的是袁紹和曹操。

董卓入洛後，曹操逃至陳留（今河南開封東南），聚兵反抗，成為關東聯軍的一支。他在濟北（今山東長清南）誘降黃巾軍三十萬眾，選其精銳，編為青州兵；又陸續收納一些豪強地主武裝。建安元年，他把漢獻帝遷到許縣（今河南許昌東），取得了挾天子以令不臣之勢；又屯田積穀，以蓄軍資。建安五年，曹操與袁紹兩軍進行官渡之戰，曹操以弱勝強，全殲袁軍主力；又利用袁紹二子的矛盾攻占袁氏的鄴城，相繼占領青、冀、幽、並四州之地，統一了中原地區。建安十二年，曹軍出盧龍塞（今河北遵化西北），打敗侵擾北方的烏桓。

建安十三年，曹軍南下，攻占劉表之子劉琮所據的荊州。依託於荊州的劉備向南奔逃。江東的魯肅受孫權之命與劉備會晤，商討對策，諸葛亮又受劉備之命，於柴桑（今江西九江西南）與孫權結盟，共抗曹軍。孫、劉聯軍以少勝多，大敗曹軍水師於赤壁（一般認為在今湖北蒲圻西北，長江南岸），迫使曹軍退回中原。這就是促使形成三國鼎立局面的赤壁之戰。曹操北歸以後，用兵於關中、隴西，把統一範圍擴及整個北方。

建安十六年，劉備率部進入益州，逐漸占據了原來劉璋（劉焉之子）的地盤。二十四年，劉備從曹軍手中奪得漢中，據守荊州的關羽也向曹軍發起進攻，但是孫權遣軍襲殺關羽，占領荊州大部，隔三峽與劉備軍相持。

漢延康元年（西元二二〇）正月，曹操死；十月，子曹丕稱帝（即魏文帝曹丕），國號魏，都洛陽，建元黃初。西元二二一年，劉備在成都稱帝（即漢昭烈帝劉備），國號漢，世稱蜀，又稱蜀漢，建元章武。孫權於西元二二一年接受魏國封號，在武昌稱吳王。隔年，蜀軍出峽與吳軍相持於夷陵（今湖北宜都境），猇亭一戰，被吳將陸遜擊敗，退回蜀中。西元二二九年，孫權在武昌稱帝（即吳大帝孫權），後遷都建業（見建康），建立吳國。猇亭之戰以後不久，蜀、吳恢復結盟關係，共抗曹魏。南北之間雖然還常有戰事發生，有時規模還比較大，但是總體說來，力量大體平衡，鼎足之勢維持了四十餘年之久。

魏國建立不久，政權開始腐敗。齊王芳在位時發生了輔政的宗室曹爽和太尉司馬懿的權力之爭。曹爽重用名士何晏、鄧颺、李勝、畢軌、丁謐等人，改易朝典，排斥司馬懿。司馬氏是東漢以來的世家大族，司馬懿本人又富於謀略，屢有軍功。景初二年（西元二三八年），他率軍平定公孫淵，使遼東歸入魏國版圖。正始十年（即嘉平元年，西元二四九年），又乘曹爽奉齊王芳出洛陽城謁高平陵的機會發動政變，逼迫曹爽屈服，並處死曹爽及其黨羽，獨攬朝政，史稱高平陵事件。後來，司馬懿及子司馬師、司馬昭陸續壓平了起自淮南的王淩（嘉平三年，西元二五一年）、毌丘儉（正元二年，西元二五五年）、諸葛誕（甘露二年，西元二五七年）的軍事叛亂和其他朝臣的反抗，鞏固了司馬氏的統治。

當反抗力量都被消滅以後，司馬氏乘時立功，於魏景元四年（西元二六三年）出兵滅蜀。兩年後，司馬炎以接受禪讓為名，代魏為晉。魏國歷五帝，共四十六年。

董卓入洛的前一年（中平五年，西元一八八年），漢宗室劉焉出任益州牧。焉死，子璋繼任。劉焉、劉璋相繼壓平了益州豪強的反抗。建安十六年，劉璋邀請暫駐荊州的劉備入蜀，使擊保據漢中的張魯；建安十九年，劉備占據益州；建安二十四年進駐漢中，自稱漢中王。是年，留守荊州的關羽被孫權軍襲殺。劉備於西元二二一年稱帝後，為爭奪已失的荊州，於次年出峽，與吳軍進行了夷陵之戰，敗退入蜀，病死。其子劉禪繼立。

劉備在新野時，邀約客居隆中的諸葛亮為輔佐。諸葛亮看清了北有曹操，東有孫權，荊州不可持久的形勢，從戰略上促成劉備進入益州，以圖自保。劉備死，諸葛亮輔劉禪。小國弱民，處境困難。今川西和雲貴的一些少數民族，當時統稱西南夷，接連發生叛亂。益州郡（今雲南晉寧東）豪強雍闓執太守，求附於吳。牂柯太守朱褒、越巂夷王高定元都回應雍闓，南中地區動亂擴大。建興三年（西元二二五年），諸葛亮率軍南征，大軍分為三路，諸葛亮軍西平越巂，馬忠軍東平牂柯，然後他們與中路李恢所部共指益州郡。此時孟獲已代雍闓據郡。諸葛亮敗孟獲，並按出軍時馬謖「攻心為上」的建議，對孟獲七縱七擒，終於使孟獲歸心，南中平定。諸葛亮把夷人渠帥移置成都為官，把南中青羌編為軍隊，並允許大姓招引夷人作部曲；以南中的牛馬特產充實蜀國軍資。西南夷人地區的閉塞狀態，從此有所改變。

南中戰爭結束，蜀吳結盟也取得圓滿成果。諸葛亮於建興五年率軍進駐漢中，與魏國展開爭奪關隴的激戰。諸葛亮在益州疲憊情況下急於求戰，一方面力圖以北伐來鞏固自己「興復漢室，還於舊都」的正統地位；一方面則以攻為守，藉以圖存。建興六年，諸葛亮命趙雲據箕谷（今陝西褒城北）以為疑兵，自己率主力取西北方向進攻祁山（今甘肅禮縣東北）。前鋒馬謖在街亭（今甘肅莊浪東南）敗陣，蜀軍撤回。以後三年，諸葛亮又屢次出兵，都由於軍糧不濟，沒有成果。建興十二年再次北伐，進軍至渭水南面的五丈原（今陝西眉縣西南)，病死軍中，蜀軍撤回，北伐停頓。

諸葛亮死後，蜀國以蔣琬、費禕、董允等人相繼為相，因循守成而已。景耀元年(西元二五八年)以後，宦官擅權，政治腐敗。大將軍姜維北伐，勞而無功。景耀六年，魏軍三路攻蜀，姜維在劍閣抗拒魏鍾會大軍，而魏鄧艾則輕軍出陰平(今甘肅文縣西)險道南下，於這年冬滅蜀。蜀國歷二帝，共四十三年。

漢末黃巾起義時，孫堅隨會稽朱儁到中原鎮壓黃巾，以後又轉戰於涼州和荊州江南諸郡。董卓之亂時，孫堅參加討伐董卓的關東聯軍，隸屬於袁術，在淮南活動，孫堅死，子孫策統領部眾，約於興平元年(西元一九四年)開始向江東發展。他得到周瑜等人的助力，驅逐暫駐曲阿的揚州刺史劉繇，逼降會稽太守王朗。建安元年獻帝都許以後，孫策拒袁術而聯曹操，受封為吳侯。建安四年，孫策擊破袁術廬江太守劉勳，吞併其部曲，並取得豫章郡地。建安五年孫策死，策弟孫權統眾。建安十三年孫權由吳徙治京城(今江蘇鎮江)。建安十三年孫權籌劃赤壁之戰，勢力達於荊州；十五年招附保據嶺南的士燮兄弟，取得東南半壁。建安十六年孫權徙至秣陵，次年，改秣陵為建業。建安二十四年孫權破關羽，占有荊州全境。三年以後(西元二二二年)又取得夷陵之戰的勝利，限制了蜀國出峽發展的可能。孫權尚存的困難，一是對付山越的不寧，一是在淮南巢湖地區抗拒曹魏的壓力。

散布在東南州郡山區的山越人，阻險割據，甚至北聯曹魏，反對孫權勢力向南方內地擴張。孫權與山越進行過多次戰爭，屢獲勝利，嘉禾三年（西元二三四年）諸葛恪率軍進攻丹陽山越，經三年圍困，山越十萬人出山投降，其中四萬丁壯補兵，餘下的成為編戶。孫吳統治的幾十年中，山越人大體與漢人趨於融合。東晉南朝史籍中，關於山越的記載只偶爾一見。

孫權主要的軍事活動在淮南。赤壁戰後，曹操軍屢攻合肥地區，雙方互有勝負。江北居民多渡江，瀕江數郡成為空虛地帶。諸葛亮死，魏蜀戰爭停止後，魏國加強了在淮南對吳國的進攻。吳軍除沿江設督駐軍、遍置烽燧以外，還在巢湖南口築濡須塢，嚴密防守。魏軍水師有限，進攻難於奏效，所以魏吳相持有年。

孫吳諸將以私兵隨孫氏征戰，孫吳屢以國家佃客賜給功臣，功臣往往擁有多至於數縣的奉邑，因而逐漸形成吳國武將世襲領兵的制度。同時，江南也出現了像吳郡的顧、陸、朱、張那樣的占有大量土地和童僕，而且各有門風，世居高位的大族。他們和世襲領兵的武將同是孫吳政權的主要支柱。

孫權死（西元二五二年）後吳國日趨衰弱，而魏國則在司馬氏消滅淮南地區三次軍事叛亂後日趨強大。由於司馬氏以先滅蜀後取吳作為國策，而在滅蜀（西元二六三年）、代魏

（西元二六五年）後又忙於新朝定制，吳國政權暫得延續。晉泰始五年（西元二六九年），羊祜命王濬在益州籌建水師，並預定攻吳的軍事方略。咸寧五年（西元二七九年）冬，晉軍出兵自長江以北、江陵至建業之間五道攻吳，而以益州水師為奇兵出峽順流，於太康元年（西元二八〇年）三月攻下建業，吳帝孫皓降，吳國亡。吳國歷四帝，共五十二年。東漢初平元年（西元一九〇年）後出現的全國分裂局面，經過魏、蜀、吳三個區域的局部統一和相持後，至此又歸於全國的統一。

三國疫情爆發，張仲景超前部署

漢末三國，中國醫學發展蓬勃，其中張仲景的醫學成就特別引人注目。

張仲景，名機，南陽涅陽縣人，約生於漢桓帝和平元年（西元一五〇年），死於漢獻帝建安二十四年（西元二一九年）。他勤奮好學，博覽群書，特好醫學，師事同郡名醫張伯祖。建安初年軍閥混戰，擾攘不休，中土人民死亡流徙，「疫癘數起」，「家家有僵屍之痛，室室有號泣之哀。或闔門而殪，或舉族而喪」（曹植〈說疫氣〉）。僅在建安十年（二〇五年）前，張仲景宗族二百餘口，即有三分之二死亡，其中死於傷寒病者占百分之七十，這種慘況，使張仲景對於醫術鑽研更勤。他總結前人醫學成果，博採藥方，寫了許多有價值的醫學用書，可惜多已亡佚，留傳於後世者，唯有《傷寒雜病論》十六卷，經後人整理校勘，將書中傷寒部分定名為《傷寒論》，而雜病部分定名為《金匱要略》。

《傷寒論》共十卷、二十二篇，三百九十七法、一百一十三方，論述了傷寒等外感熱性病的病理、診斷、治療及用藥；《金匱要略》共六卷，二十五篇，包括內科、外科、婦產科、皮膚科等四十多種雜病，治療方法一百三十九條，二百六十二方，以臟腑經絡學說作為基本論點，重視內臟間的整體聯繫性，強調保持人體的正氣，同時也不忽視去邪。

中國古代所說的傷寒，和現在專指傷寒桿菌所導致的傷寒病不同。《內經．素問．熱論》說「今夫熱病者，皆傷寒之類也」；又說「人之傷於寒也，則為熱病」，可見古人所說的傷寒，是指一些因外感而帶高燒症狀病的通稱，除今日所說的傷寒病外，還包括其他多種傳染病。這類病病情複雜，轉變急劇，診斷和治療都有難度。

張仲景除「勤求古訓，博採眾方」外，還用四診，即望診、聞診、問診和切脈，從多方面了解病情，然後加以分析綜合，歸納為六經，即三陽（太陽、少陽、陰陽）和三陰（太陰、少陰、厥陰）六種症候類型。凡抵抗力強、病勢亢奮的，是三陽病；抵抗力弱，病勢虛衰的，是三陰病。治療三陽病，以驅邪為主，以期迅速消除病灶；治療三陰病，以挾正為主，以增加病人的抵抗能力，調動人體積極因素。在具體醫療時，還以陰、陽、表、裡、寒、熱、虛、實為辨症的提綱，先分析病情是陽症或陰症，再辨明虛實與寒熱，這就是中國診斷學上著名的「八綱」。一般而言，有興奮、充血、發熱等症候，脈象洪大、有力浮滑的是陽症；病勢沉伏而難發現、惡寒、厥冷、脈象沉遲、細弱無力的是陰症；發生在體表的是表症；在內部的是裡症；凡病毒滯留體內，而精氣已現虛弱的是虛症；邪氣充實，但精力仍足以抵抗的是實症；病態表現有寒性傾向的是寒症；有熱性傾向的是熱症。

張仲景又根據前人和自己治病經驗，把對各種症狀的治療方法概括為汗、吐、下、和、溫、清、補、消八種。即邪在肌表用汗法（發汗）；邪壅於上用吐法（催吐）；邪實於裡用下法（瀉下）；邪在表裡之間用和法（解毒）；寒症用溫法；熱症用清法；虛症用補法；積滯和腫塊一類病症用消法。這些治療法則概括力強，實用價值高，可以根據不同的病情單獨或配合使用。張仲景的學術思想和相關病症的論述有繼往開來的作用，至今仍為中醫必讀經典。

入太學，逃勞役：從《魏略》看三國黑暗面

《魏略》係魏郎中魚豢私撰，《史通．古今正史》謂「魏時京兆魚豢私撰《魏略》，事止明帝」，而《魏略》敘事頗注重品節作風，故魚豢應為忠於曹魏而恥為晉臣者。裴松之注《三

國志》，引用《魏略》最多，《魏略》雖早已亡佚，但從裴注中尚可窺知其梗概。

《魏略》很注意對三國時各階層人物的描寫，例如魚豢為董遇、賈洪、邯鄲淳、薛夏、隗禧、蘇林、樂祥七人作〈儒宗〉，其序曰：

> 「……至太和、青龍中，中外多事，人懷避就，雖性非解學，多求詣太學。太學諸生有千數，而諸博士率皆粗疏，無以教弟子，弟子本亦避役，竟無能習學……又是時朝堂公卿以下四百餘人，其能操筆者，未有十人，多皆相從飽食而退。」

由上可知，曹魏時，子弟入太學，多是為了避役；而在太學教授生徒的博士，也大都粗疏，學無根底，無怪乎魚豢要歎息學術的墮落了。

魚豢在〈儒宗〉中，還揭露了地方舊姓豪族欺凌單家（非富強之家）的情景。如在〈薛夏傳〉中記載：天水郡四姓豪族平素稱霸郡中，單家薛夏獨不肯降事之，四姓豪族便千方百計地想對他下毒手；薛夏投奔曹操後，四姓仍企圖捕他論罪。地方豪族對名聞中原的學者尚如此狠毒，一般百姓所受不法豪族的欺壓程度，自然更不在話下了。

《魏略》中還有〈清介〉、〈純固〉、〈勇俠〉、〈知足〉、〈遊說〉、〈佞幸〉等傳。清代學者錢大昕謂《魏略》「諸傳標目，多與他史異」；高似孫稱《魏略》「特為有筆力」，「亦一時記載之雋也」。

我們是，竹林七賢！

三國魏末，譙國嵇康、陳留阮籍、河內山濤、河內向秀、沛國劉伶、陳留阮咸、琅邪王戎，由於七人互有交往，而且曾集於山陽（今河南修武）竹林之下肆意酣暢，世稱竹林七賢。

雖說七賢，但七人的思想傾向也略有不同：嵇康、阮籍、劉伶、阮咸始終服膺老莊，越名教而任自然；山濤、王戎則好老莊而雜以儒術；向秀則主張名教與自然合一。

在政治態度上的分歧比較明顯：嵇康、阮籍、劉伶等仕魏，而對執掌大權、已成取代之勢的司馬氏集團持不合作態度；向秀在嵇康被害後，被迫出仕；阮咸入晉，曾為散騎侍郎，但不為司馬炎所重；山濤起先「隱身自晦」，但四十歲後出仕，投靠司馬師，歷任尚書吏部郎、侍中、司徒等，成為司馬氏政權的高官；王戎為人鄙吝，功名心最盛，入晉後長期為侍中、吏部尚書、司徒等，歷仕晉武帝、惠帝兩朝，至八王亂起，仍優遊暇豫，不失其位。

七人在文學創作上的成就也不一：阮籍的五言詩、嵇康的散文，在文學史上都占重要地位；向秀的賦，今存唯〈思舊賦〉一篇，篇帙短小，感情深摯，亦稱名作；劉伶有散文〈酒德頌〉，風格與阮籍〈大人先生傳〉頗相接近，他的五言詩也有一定水準，但今存作品很少；阮咸精通音律，然而沒有留下文學作品；《隋書．經籍志》著錄山濤有集五卷，今所見佚文，全部是奏啟文字，文學價值不高；王戎的著作則很少。

測量海島的數學狂人劉徽

三國以前，中國數學要籍首推《九章算術》。《隋書》卷十六〈律曆上〉載：「魏陳留王景元四年劉徽注《九章》。」是知《九章算術注》完成於景元四年（西元二六三年）。《隋書》卷三十四〈經籍志三〉有《九章算術》十卷、《九章重差圖》一卷，均注明係劉徽所撰。後《九章重差圖》失傳，唐人將《九章算術注》內有關數學用於測量的〈重差〉一卷取出，獨成一書，因其中第一個問題係測量海島，故改名為《海島算經》。

劉徽這兩個著作是中國數學史上寶貴的文獻，主要貢獻如下：

1 極限觀念與割圓術

極限意識在春秋戰國時已出現，但實際加以應用的是劉徽。劉徽已領悟到數列極限的要諦，故能有重要創獲。而劉徽的傑出貢獻首推他在《九章算術注》中創立的割圓術，其所用方法包含初步的極限概念和直線曲線轉化的思想，在一千五百年前能運用自如，難能可貴。

有了割圓術，也就有了計算圓周率的理論和方法。圓周率是圓周長和直徑的比值，簡稱 π 值，π 值是否正確，直接關係到天文曆法、度量衡、水利工程和土木建築等方面的應用，所以精確計算 π 值，是數學的一個重要任務。

在劉徽以前，已有許多人計算過 π 值。最早的 π 值是3，後來又發展到 3.1547。但如何求得，從未有人加以科學的闡明。劉徽建立的割圓術，是在圓內接正六邊形，然後使邊數逐倍增加，他說：「割之彌細，所失彌少，割之又割，以至於不可割，則與圓合體而無所失矣。」這是因為，圓內接正多邊形無限多時，其周長極限即為圓周長，面積即為圓面積。當他算到正一九二邊形時，求得圓周率為3.14的近似值，他又用幾何方法把它化簡，後人即將3.14或叫作「徽率」，以上是當時世界上的最精確的圓周率。

西元前三世紀，希臘數學家阿基米德從圓內接與外切正九六邊形計算出 π 的近似值。但阿基米德是用的歸謬法，他避開了無窮小和極限，而劉徽應用了極限的概念，且只用圓內接正多邊形的面積計算，而省去了計算圓外切正多邊形的面積，從而收到了事半功倍之效。

2 關於體積計算的劉徽定理

一般來說，柱體或多面體的體積計算較比容易解決，而圓錐、圓臺之類的體積就難以求得。劉徽經過苦心思索，終於找到了一條途徑，他分別做圓錐的外切正方錐和圓臺的外切正方臺，結果發現：「求圓亭（圓臺）之積，亦猶方冪中求圓冪，圓面積與其外切正方形的面積之比為π：4，由此他推得：圓臺（錐）的體積與其外切正方臺（錐）的體積之比，也是π：4。很顯然，如果知道了正方臺（錐）的體積，即可求得圓臺（錐）的體積。劉徽這個成果，看似簡單，實際有繼往開來的重要作用，故有的現代數學家稱之為「劉徽定理」。在古代沒有微積分的時候，這條定理有微積分的作用，在現代數學中仍有價值。

3　十進小數的應用

在數學計算或實際應用中總不免出現奇零小數，在劉徽以前，一般是用分數或命名制來表示，如「一升又五分升之三」，在位數較少時尚可湊合；當小數位數太多時，便很不方便，因之劉徽建立了十進分數制。他以「忽」為最小單位，不足「忽」的數，統稱之為微數，開平方不盡時，根是無限小數，這又是無限現象。他說：「微數無名者以為分子，其一退以十為分母，再退以百為母，退之彌下，其分彌細，則朱冪（已經開出去的正方形面積）雖有所棄之數（未能開出的部分），不定言之也」；用現代方法說，就是其方根近似值是「忽」。

4　改進了線性方程組的解法

《九章算術》中有一章專講線性方程組問題，用一種「直除法」求解，即解方程組時把多個未知數逐漸減少到一個未知數，然後反過來求出所有未知數的值。「直除法」的消元（未知數）要透過對應項係數累減的辦法來完成，比較麻煩。劉徽對「直除法」加以改進，在解二元一次方程組時，用了「互乘對減」的方法，一次消去一項，如同後來的加減消元法。劉徽雖然只用過一次「互乘對減法」，但他知此法帶有普遍性，可以推廣到任何元數的線性方程組。劉徽還使用配分比例法解線性方程組，也是有創造性的成果。

5　總結和發展了重差術

中國古代將用「表」（標杆）或「矩」（刻劃以留標記）進行兩次測望的測量方法稱做「重差術」。「重差」之名，古已有之，劉徽解釋重差的含義說：「凡望極高，測絕深，而兼知其遠者，必用重差，句股則必以重差為率，故曰：重差也。」《九章算術注》中第九章〈句股〉，主要講測量高、深、廣、遠問題，說明當時測量數學和測繪地圖已有相當水準。劉徽〈重差〉一卷所以被改稱《海島算經》，就是因為其第一題在講測量海島，其共有九個應用題，解法都可以變成平面三角公式，發揮與三角同等的作用，可說是中國古代特有的三角法。

曹操的閃亮智囊團

據《三國志》和裴注的粗略統計：曹操的智囊團有八十七人，其中骨幹謀士八人。西元一九一年，曹操為東郡太守，荀彧來歸；西元一九二年，曹操兵臨兗州，程昱接受徵辟。曹操出征，荀彧、程昱二人留守；西元一九六年，荀攸、鍾繇、董昭、郭嘉從操。西元一九九年官渡之戰前夕，劉曄、賈詡從操，以上八人是曹操的骨幹謀士團。此外，華歆、王朗、蔣濟、毛玠、陳群、趙儼、司馬朗等重要謀士也在這一階段投效曹操，官渡之戰後，智囊團成為一支龐大的人才團隊。

曹操是怎樣把這些人才聚集起來的？大略言之有五個方面：

一、徵辟。這是兩漢選舉的正常途徑。

二、投效。荀彧、郭嘉、桓階、賈詡等人的投效最具典型意義。荀、郭兩位大才都是從鼎盛的袁紹營壘中過來的，桓階說長沙太守張羨反對劉表，賈詡說張繡投曹操，都是在官渡之戰相持而袁強曹弱之時，他們深邃的洞察力遠遠高於時人之上。

三、推薦。荀彧知人，他對於曹操智囊團的建立有重要作用，或所薦還有戲志才、郭嘉、杜畿，皆一代風流。

四、納降。以許攸、陳琳、牽招為代表。

五、強徵。如司馬懿、阮瑀。

智囊團的政治作用：

1 勸曹操迎獻帝許都，挾天子以令諸侯

西元一九二年，毛玠最先向曹操提出宜奉天子以令不臣的建議，但當時天子遠在長安。西元一九六年，天子還洛陽，曹操讓群僚討論，荀彧堅定地主張迎獻帝都許。曹操採納此計，從此占領了政治的制高點，得了全域的優勢，處處主動。

2 廣收名士以臨州鎮

曹操初臨兗州，因言議殺名士邊讓，激起了陳宮、張邈之叛，險些使船翻了個底朝天。曹操吸取教訓，為司空、丞相後以崔琰、毛玠、何夔、徐奕、鮑勳、陳群等名士為東西曹掾，典選舉，所舉皆清正之士，網羅了大批名士為掾屬。曹操派出智囊名士出宰州郡，入為公卿，利用他們的聲望和才幹穩定紛亂的政治局勢。〈何夔傳〉裴注引《魏書》曰：「自劉備叛後，東南多變，太祖以陳群為酇令，夔為城父令，諸縣皆用名士以鎮撫之，其後吏民稍定。」

智囊團的經濟方略：

提出「修耕植、興屯田、儲軍資，深固根本，以成霸王之業」的經濟方略。棗祗等人主持其事，以後劉馥在揚州屯田，衛覬在關中屯田，賈逵在豫州屯田，鄧艾在淮南屯田，有軍屯，有民屯，都取得了好成績，解決了前線軍糧。曹操以此「征伐四方，無運糧之勞，遂兼滅群賊，克平天下」。

智囊團的軍事方略：

智囊團替曹操順應形勢制定戰略方針，分為三個階段，提出了不同的戰略。

第一階段，官渡之戰之前，荀彧與郭嘉定計，先南後北，對抗袁紹。西元一九七年，袁紹與曹操書，「其辭悖漫」，曹操震怒，恨不得立即與袁紹決戰。荀彧、郭嘉認真地分析了形勢，認為曹操四面皆強敵，若要攻克爭天下的袁紹，宜先壯大自己。荀彧提出了遠交近攻、先弱後強、各個擊破、兼併群雄的戰略方針。鍾繇鎮撫關中，是為遠交。郭嘉說：「不先取布，若紹為寇，布為之援，此深害也。」西元一九八年，曹操攻破張繡，東滅呂布；西元一九九年又滅袁術，劉備起事徐州，郭嘉、程昱勸曹操迅速撲滅，然後全力對付袁紹。官渡之戰以前，曹操四面臨敵，但始終沒有陷入兩線作戰，而是一個一個殲滅對手，顯示了正確的戰略方針的威力。

第二階段，官渡之戰以後，荀彧、郭嘉畫計，先掃河北而後南下。曹操和諸將欲乘官渡戰勝之威，南擊劉表，壯大力量。荀、郭都反對這一錯誤決策，荀彧說：袁紹戰敗，應乘勝追擊，如「遠師江、漢，若紹收其餘燼，乘虛以出人後，則公事去矣」。曹操頓悟，復屯兵於河上，不停頓地進擊，經過了七年的征戰，平定了河朔，擊敗了烏丸，解除了南下的後顧之憂。曹操北征烏丸，諸將懼劉表遣劉備襲其後。郭嘉說：劉表坐談客，自己的才能不如劉備，不敢重用，「雖虛國遠征，公無憂矣」。

第三階段，赤壁戰後。曹操為避免兩線作戰而轉為防禦，挑動吳、蜀內訌，坐收漁人之利。西元二一九年，孫權上書討羽自效，董昭建議將孫權書信馳驛以弩射示羽，關羽戰敗，不加追擊，存之以為孫權害。趙儼在襄陽亦勸曹仁不追。這一招很有效，吳蜀交惡。

智囊團臨陣畫計，使曹操多次避免了慘敗，甚至覆滅的危機。最主要的有兩次：第一次，西元一九四年，荀彧、程昱臨陣應付陳宮、張邈的突變事件，替曹操保住了兗州甄城、范縣、東阿三城。袁紹使人說操遷家居鄴，袁曹連和，所謂「連和」不過是投靠的外交用語。程昱諫曹操豈可臨事而懼，為「韓、彭之事」，打消了曹操連和的念頭；第二次，西元二〇〇年，荀彧、荀攸、賈詡、以及陣前投歸曹操的謀士許攸等共獻奇策，贏得了袁曹戰略決戰的官渡大捷。

此外，西元一九八年荀攸、郭嘉畫計引泗、沂水灌城滅呂布的下邳之戰；西元二〇八年荀彧畫計南下荊州之戰；西元二一一年賈詡畫計離間馬超、韓遂的渭水之戰；西元二一五年劉曄畫計滅張魯的漢中之戰等，都顯示了智囊團的影響力。

曹操對智囊團的駕馭及影響：

一、人盡其才。袁紹能聚人而不能用人，他只是為了名譽把人才作擺設，「故士之寡能好問者多歸之」；曹操聚人是要用人之長，「故天下忠正效實之士咸願為用」。

二、誘以官祿。建安十二年大封功臣二十餘人為列侯，同時又下分租令與諸將掾屬及死事之孤，「庶以疇答眾勞」。建安十三年南下荊州，論荊州服從之功，封侯十五人，功勳卓著的智囊受封後還不斷增邑。曹操賞罰分明，「勳勞宜賞，不吝千金；無功望施，分毫不與。」

三、籠以權術。陳琳為袁紹寫草檄罵曹操，辱及三代，後被俘，曹操惜其才而用之。張繡在戰場上殺其子曹昂，後繡投操，立功封侯。官渡之戰許下群僚及郡縣多與袁紹通書，曹操破紹得書，「皆焚之」，宣言說：「當紹之強，孤猶不能自保，而況眾人乎！」顯得十分豁達。不過這都是表面現象，曹操的哲學是「寧我負人，毋人負我」，陳壽評他善於「矯情任算」，其所欲殺者，則「以法誅之」。〈趙儼傳〉裴注引《魏書》載，曹操使人搜閱紹記室，發現陽安郡都尉李通沒有與袁紹相通，並斷定這是趙儼勸說李通的結果，這一條記載說明曹操在當眾燒書前早已錄了黑名單。崔琰之死、毛玠之歎都有人告密，說明曹操組織有特務網，暗中監視百官。曹操又以聯姻的方式籠絡智士，如以女安陽公主嫁荀彧子荀惲。

四、辟為掾屬。此謀出於郭嘉。智囊團八十餘人，出宰州郡，入為公卿，但身分都是曹操的掾屬。智囊既為曹操掾屬，則有主僕之分，他們不知有國家，但知有曹操。曹操透過廣辟掾屬和稱公稱王的方法，把丞相府組建成魏國的模擬機構，並把它凌駕在宮廷和百官之上。

五、威以刑殺。孔融以言論罪被滅族，崔琰以腹誹罪賜死，毛玠以牢騷而下獄。集聚曹魏的天下英才皆為曹氏家奴，凡表現了個人意志就遭殺戮，他們所建言的軍國大計，是曹操需要的才能說，曹操不想聽的就不敢說。劉曄本有奇謀善計，還要察言觀色提出，曹操、曹丕不採用，他也不堅持。像程昱這樣的老臣，也是戰戰兢兢，閉門謝客。智士為奴，聰明才智就不能完全發揮，智囊團潛在的能量受到很大的抑制。不願為奴的諸葛亮、法正、張松、周瑜、魯肅等不北走曹而奔走吳蜀，於是漢末人才三分而成鼎足之勢。

孫吳政權來過臺灣嗎？

三國時，吳和魏、蜀一樣，富有者穿絲綢，勞動群眾穿葛麻，江東的絲織品品質雖遜於蜀、魏，但麻葛織品則有過之而無不及。《三國志》卷四十九〈士燮傳〉言：「燮每遣使詣權，致雜香細葛，輒以千數。」交州的細葛既可作為貢物送到吳郡，則其品質當有不下於吳郡葛織物的可能。〈吳都賦〉言：「蕉葛升越，弱於羅紈。」蕉葛指葛之細者，升（布八十縷為升）越，指越布之細者，就是說，優質越布、葛布比羅紈還柔軟，可見葛布的精緻。江東的麻織業，東漢初已經興盛，《後漢書．獨行．陸續傳》言續「喜著越布單衣，光武見而好之，自是常敕會稽郡獻越布。漢章帝時，馬太后曾以白越三千端為賞賜」；《全三國文》載曹丕詔，嗤江東之衣布服葛，謂「江東為葛，寧可比羅紈綺縠」。

但曹丕的話只能就上層人士的服著而言，至於人民群眾的衣著，曹魏並不比孫吳優越。曹丕為魏王后嘗言：「雖傾倉竭府以振魏國百姓，猶寒者未盡暖，饑者未盡飽」；又言「且聞比來東征，經郡縣，歷屯田，百姓面有饑色，衣或裋褐不完」。吳國百姓挨餓受凍的情況在史書中甚少敘及，雖說係由南方天暖物豐使然，但吳民衣著問題較魏為佳，則可能是事實。

孫吳的絲織業亦並非太差，《三國志．吳書》常以農桑並提，說明絲織手工業已遍及家家戶戶，左思〈吳都賦〉有「歲貢八蠶之綿」一語，表明納稅民戶多養蠶織絲。吳皇室有專門織絡的女工，孫皓時達到千餘人，華覈給孫皓上疏言：「今事多而役繁，民貧而俗奢，百工作無用之器，婦女為綺靡之飾，不勤麻枲，並繡文黼黻，轉相仿效，恥獨無有，兵民之家，猶復逐俗。內無儋石之儲，而出有綾綺之服。」由此可知，農戶原多績麻葛為衣，由於風俗奢靡，穿絲織衣的吏民商賈日益增加，這樣便傷害了麻葛業的發展，致使公私皆貧。因之華覈建議令吏士之家普遍績麻枲，人戶一歲一束，則數年之後，布帛必積，而國可富。

吳地自古即以盛產鹽鐵著稱。春秋戰國時的吳、越，西漢時的吳王劉濞，都以煮鹽冶鐵而致富強。周瑜亦曾以吳「鑄山為銅，煮海為鹽，境內富饒」的理由，勸說孫權抗禦曹操，因而有赤壁之捷。

由於孫吳的手工業，特別是造船業發達，所以與海外關係也有發展。孫權黃龍二年（西元二三〇年）正月，孫權遣將軍衛溫、諸葛直將甲士萬人浮海求夷洲（今臺灣）及亶洲（今日本）。他們費了將近一年工夫沒有找到亶洲，「但得夷洲數千人還」。《三國志》卷六十〈全琮傳〉言：權征夷洲，「軍行經歲，士眾疾疫死者十有八九」。但載回的夷洲數千人，也是一個不小的數字，從此這數千夷洲人與吳人雜居，繁衍子孫。毫無疑問，從此中國人對夷洲情況有了更多的了解。故此後吳丹陽太守沈瑩能撰寫出《臨海水土異物志》一書，該書所記夷洲的自然條件與今臺灣北部酷似，而所記當時夷洲人的風俗習慣等也可從今臺灣原住民中找到，說明夷洲即臺灣。因此，我們說吳人夷洲之行意義是重大的。當時吳國所轄的交州已包括朱崖洲（今海南島）及交趾、九真、日南三郡。

孫吳與大秦（羅馬帝國）也有交往。《梁書·諸夷傳·中天竺國》載：孫權黃武五年（西元二二六年），有大秦賈人秦論來到交趾，交趾太守吳邈遣送詣權。

孫吳的海上交通往來，加強了中國和臺灣的聯繫，也促進了中外貿易和文化的交流。當時東南亞所產的象牙、翡翠、玳瑁等不斷進入中國，中國的特產品以及文物等也傳到各國各地區，這就為東晉南朝海上貿易的進一步發展，奠定了基礎。

八、魏晉南北朝

坐羊車巡幸的好色皇帝

晉武帝司馬炎，河內溫縣（今河南省溫縣西南）人，其祖父司馬懿、伯父司馬師、父親司馬昭，相繼專斷曹魏國政，時曹魏已經名存實亡。武帝即位後，於西元二八〇年滅東吳，統一了全國。然後他罷州郡兵，屢次責令郡縣勸課農桑，使社會得到短暫的安定與復甦，「是時，天下無事，賦稅平均，人咸安其業而樂其事」《晉書·食貨志》，史家譽稱為「太康繁榮」。

武帝認為東漢和曹魏的滅亡，與宗室力量太弱有關，即位之後，便大封宗室為王，以諸王統率兵馬出鎮一方，並擁有地方的軍政權，結果卻適得其反。各宗室形成一個個政治集團，互相傾軋，力圖擴大自己的勢力，武帝親手種下了「八王之亂」的種子。

西晉王朝建國後，就浸潤在奢侈腐敗的氣氛之中，不能自拔。晉武帝本人一當上皇帝，就極盡奢糜揮霍之能事，在晉軍滅吳之後，繳獲了數千宮女。武帝大喜，翻蓋了很多宮殿，又叫人做了一輛大車，車上裝滿了佳餚美酒，用綿羊來拉車，羊車停到哪裡，武帝就在哪裡過夜。聰明的宮女就把羊愛吃的竹葉和食鹽灑在門前引誘綿羊，成功率頗高，最後滿宮都是竹葉，遍地都是食鹽，頓時洛陽竹子和食鹽的價格暴漲，晉武帝就這樣成了歷史上有名的好色皇帝。

武帝還公開買賣官爵，供其奢侈淫樂。很多正直人士指責說：「東漢的恆、靈兩帝，還知道把賣官錢入國庫，而當今皇上卻把賣官錢入私家，可見當今皇上，還不如恆、靈兩帝呢。」南陽的魯褒曾作〈錢神論〉，諷刺當時見錢忘義的風氣。西晉大臣也大多是漢魏以來的世家子弟，整個統治集團奢侈腐化，荒淫奢華，如著名的石崇和外戚王愷鬥富之事，就是典型寫照，武帝不但不加以阻止，反而推波助瀾。

西元二九〇年四月，武帝病倒，使詔令子汝南王司馬亮即速回京輔政。楊皇后為了使其父楊駿單獨輔政，百般阻撓，最後扣住詔書不發，並偽造遺詔，封楊駿為太尉，兼太子太傅，統帥軍隊，並總領尚書，執掌朝政。楊皇后將這偽造的遺詔給晉武帝過目，晉武帝睜著雙眼看了許久，又頹然鬆手將它擲在地上，不表示可否。等楊皇后出宮，晉武帝已經到了彌留之際，他從昏沉中清醒過來，忽然問左右近侍：「汝南王來了沒有？」左右回答沒有到。晉武帝長歎一聲，說不出話，次日於洛陽宮中的含章殿駕崩，廟號為世祖武皇帝。

占田制：國家的合法剝削

西晉頒布的土地、賦稅制度，是戰國、秦漢以來「名田」制度和限田政策的產物。名田，即以名占田，人民向國家登記戶口並呈報所占田畝數，名田制度導致土地兼併發展，於是西漢中葉董仲舒提出「限民名田」。西漢末年，大司空師丹曾主持制訂「限民名田」的具體措施，但未貫徹執行；東漢末年，戰亂蜂起，人民大量流亡，造成「土業無主，皆為公田」的情況，曹操在這種條件下推行屯田制度。隨著曹魏社會經濟發展，自耕農經濟的復興，屯田日益失去存在的條件和意義，於是魏末晉初宣布廢除屯田；晉初社會經濟和土地兼併有所發展，為加強對自耕農民的控制，限制土地兼併，保證國家賦稅徭役的徵發，太康元年（西元二八〇年）滅吳統一全國後，西晉政府頒布占田、課田令。

占田、課田令規定：官吏以官品高卑貴賤占田，依官品高低蔭親屬，多者九族，少者三世（自祖至孫），蔭衣食客。男子一人占田七十畝，女子三十畝，沒有年齡限制，原則上任何男女都有權按此標準占有土地。這種土地不是由政府授與或分配，而是規定人民可以占有土地的法定數量和最高限額，但政府沒有任何措施保證人民占有足夠數量的土地。占田制並沒有改變原有的土地所有制關係，地主和農民所有的土地仍然得以保留，不足規定限額的還可以依限占墾。

課田的意義，一是課稅，二是課耕，前者是目的，後者是方法。占田、課田制施行後，出現了太康年間（西元二八〇～二八九年）社會經濟繁榮的局面。太康元年到太康三年，增加了一百三十多萬戶，表明在占田制實行後，許多流民注籍占田，使國家戶籍劇增，天下無事，賦稅平均，「牛馬被野，餘糧棲畝」（《初學記》卷九引〈子思子〉）。

占田制的精神，一方面是限制官僚士族過度占田，另一方面則企圖使小農占有一定耕地，以保證國家賦稅收入，但是從實際情況來看，其效果有限。對於官僚地主來說，可以透過品官占田蔭客制，大量占有土地和依附人口，不足限額的還可以透過各種途徑依限占足；超過限額的，在占田令中又沒有規定任何懲處措施，官僚地主得以繼續兼併土地，有利於士族地主經濟的發展，因此，「園田水碓，周遍天下」的大土地所有制依然存在（晉書．卷四三．王戎傳》）。

然而，占田制對於官僚士族兼併土地、人口畢竟有一定限制作用。西晉土地兼併不如兩漢和東晉南朝劇烈，農民雖然名義上有權占有一小塊土地，但事實上仍有許多「無業」或「業少之人」，農民所受剝削也較前加重。西晉課田按丁徵收田租，租額比曹魏時期增加一倍，而且不論土地占足與否，都按法定課田數徵收。

西晉占田、課田令頒布後十年，就爆發了統治階級內鬥的八王之亂，不久劉淵、石勒相繼起兵，北部中國又陷入干戈擾攘的時代，包括占田、課田制在內的西晉典章制度均遭受嚴重破壞，直到北魏太和九年（西元四八五年）才頒布均田制。

對於占田、課田的含義、性質及其相互關係的認識，學術界理解不一。關於占田與課田的關係，一種意見認為課田在占田之外，即每戶一男一女占田一百畝，課田七十畝，合計一百七十畝；一種意見認為課田在占田之內，即丁男占田七十畝，丁女三十畝，合百畝，分別以其中五十、二十畝為課田。關於占田與課田的含義和性質，一種意見認為占田是國家授田，是國有土地；一種意見認為占田是私有土地，其收穫物歸己，但課田是國有土地，收穫物全部歸政府，即勞役地租。持這種意見的人中，有的認為課田不是勞役地租，而是實物地租；一種意見認為占田不是授田，而是限田。持「限田」說的學者，也有認為占田屬於國有土地的；一種意見認為占田（含課田）是私有土地；還有的學者主張課田不是土地制度而是賦稅制度。由於對上述問題認識的歧異，學術界對於占田、課田制的產生也有不同看法，主要有四：①認為它是西晉新制，與前代制度無關；②認為它是曹魏屯田的繼續和發展；③認為它是漢代「限民名田」的發展；④認為它是戰國秦漢以來占田制度的總結。

占田、課田制是封建國家為保證賦稅剝削而制訂的一套完整的土地、賦稅制度。統治者允許人民占田是為了課田，課田又建立在占田基礎上，兩者密不可分。西晉占田、課田制總結了古代土地、賦稅制度的經驗，規定了占田的最高限額和課田的最低限額，允許人民在這兩個限額之間有機動餘地，從而既保證了國家賦稅收入，又在一定程度上促進了農民的生產積極性，發揮了「勸課農桑」的作用，有利於促進個體農民經濟的發展。

南北朝當官也有試用期

任用制度

魏晉南北朝透過選拔聘用官員，但對這些人如何使用，是臨時使用還是長期使用，是試用還是實用，任用其擔任何種職務，給予什麼級別等等，則另有規定。

(一)任用方式

秦漢魏晉南北朝時期官吏的任用方式是多種多樣的，見於史冊的主要有：守、拜、領、錄、平、兼、行、假、試、權、知、監、參、掌、典、署、督、護、待詔等等。按照任用等差，可以分為如下幾種類型：

第一，候補之類。此類主要有待詔、郎選、聽選等方式。待詔是漢代的候補官制度，待詔人員有待詔於金馬門、公車、殿中、黃門、宦者署的，也有待詔於丞相、御史二府的。他們在官署聽候補官，有時也承擔本署內的一些事務；郎選是從三署郎官署的諸郎中選官，三署郎是漢代官吏儲備學校，被選拔上來的人才取得被任用為「郎」的資格，再經過一定時間的歷練然後出補為官；聽選是尚書將選人分類，等待有缺補官。還有一些候補官是因父母喪葬守制和其他原因去職，期滿要求復職的。

第二，試用之類。此類主要有行、守、試、假、權等方式。試用有一定的期限，一般是以一年為限，多者長達三年，試用期間俸祿稍低於實授官。試用期滿以後，稱職者轉為實職，稱為「真除」或「實授」；不稱職的則罷歸。試用官只有在試用期內不出重大的差錯才能保住官職，這在一定程度上可以促進官員忠於職守和認真任事。

第三，拜授之類。此類主要有拜、授、遺詔等方式。經過拜授的官員即為正式任命的實缺官，有召拜、徵拜、策拜，召拜是皇帝特召，徵拜是由外官轉入朝官，策拜是任命重要大臣；授有銓授、敕授、制授、特授等，銓授是吏部任命低級官吏，敕授是報請皇帝批准任命中級官員，制授是皇帝批准任命較高級的官員，特授是皇帝任命高級官員；遺詔是指新舊皇帝交替時期，由老皇帝在去世前任命輔政大臣的方式，名稱不同，所授官職的高低也有不同。

第四，兼領之類。此類主要有兼、行、權、判、帶、領、錄、護、典、都、督、掌、監等方式。在某些官位缺員或某些重要的事務需要重臣負責的時候，多採用這種任命方式。兼和領都表示身有兩職以上，但內容和含義完全不同。兼是兼職，有長兼和權兼之別，可以低官假行，也可以高官判帶、同級互兼，這都是權宜的辦法，以避免官位缺員時耽誤工作；領則是主管，有一定的實際權力，能夠發揮主要負責人的作用，如領尚書事、領城門兵、領鹽鐵事等，凡帶有典、護、督、錄、都、監等名的，都擁有實際權力，他們大多數被皇帝授予假節、持節、使持節的名號，以代表皇帝行使權力。

第五，參知之類。此類主要有參、知、平、議等方式。有些重要的職事，任命參、知去參加共同議事，這樣做一是為了加強力量，使工作更加嚴謹；二是為了達到相互牽制、加強皇權控制的目的。這類官雖不權力不大，但有時也可以負責某項事務，如左將軍知殿內文武事、御史中丞參禮儀事等。知有參知、兼知、權知、總知的區別，議有參議、專議、領議的區別。名稱不同，地位和許可權也不同。

（二）任用程序

在任用官吏的程序上也是有所區別的。有皇帝直接任用的，稱為特簡、特任、特選、特拜、特召、召拜、徵拜等，一般適用於比較高級的官員；有由官吏主管部門任命的，稱為選、授、補、除、拜等。官吏在西漢歸丞相、御史二府主管，在東漢由尚書臺主管，在魏晉南北朝由吏部主管。官吏主管部門按照任命官吏的等級，或報皇帝批准，或交朝廷集議，或行文各級官府，對進入官秩等級的都要備案。有由主要長官任命的，稱為召辟、徵辟、辟署、命等，按規定，一般掾屬由主要長官批准，本官府備案即可，高級僚佐要報中央核准備案，有些還要由中央任命。

對不同等級的官員有不同的任用程序。高級官員必須經皇帝親自核准；中級官員必須由主管部門核查備案，報請皇帝批覆才能任命；低級官吏雖然主要長官有辟署權，但進入官品秩等，也必須報請中央官吏主管部門批覆，不得越級逾限，違者將受到嚴厲的處罰。如南宋大明七年（西元四六三年），吏部舉寒人張奇為公車令，這是中級官員，須皇帝敕旨，孝武帝劉駿以張奇資品不當，另換人選，吏部的令史抑敕旨使張奇先到公車就職；事發後，尚書令史兩人棄市，六人受鞭杖，吏部尚書坐免官，尚書右僕射降職。

(三) 任用限制

為保證對官員任用得當，保持官階品秩大體升遷有序，照顧到官僚群體中的各種政治勢力及階層的平衡，秦漢、魏晉南北朝時期對官員的任用限制不斷增加。

秦漢以來，實行重農抑商政策，限制商人為官；魏晉南北朝時期，限制寒族為高官。十六國和北魏時期，任用官員還有一定的民族限制。在等級森嚴的官僚團隊中，出身和資歷是任官時優先考慮的條件之一，官僚制度越完善，出身和資歷的限制越嚴格。

自東漢實行「三互法」以來，對官員的任用又增加了籍貫和親屬限制。「三互法」的基本內容，就是本地人不得為本地長官，目的是防止這些人在家鄉徇私舞弊；婚姻之家不得相互監臨，兄弟子侄及有婚姻戚屬關係的，不得在一個部門或地區為官，如果選在一個部門或地區為官，其中一人要申明迴避；東漢時，已經沒有本郡國人士回任本郡國長官的事例。

任用官員，是體現國家權力如何分配和依仗什麼人的大問題，也關係到政權結構和素養，必然也是統治階級內部各種政治勢力的角逐中心。一時得勢的派別，總是根據自己的利害來權衡用人，無不以「附順者拔擢，忤恨者誅滅」為根本（《漢書．王莽傳上》）。外戚專權，「父子並為卿校，親黨充滿朝廷」；宦官專權，「任用群小，奢侈僭福」；權臣當道，「門生故吏遍於天下」，士族門閥把持朝綱，「上品無寒門，下品無士族」。各方面的人為了獵取官職，貨賂公行，請託成風，「資貨求官請罪者，道路相望」，「伎妾聲樂，盡天下之選，園池第宅，冠絕當時」，使「遊其門者，爵位莫不逾分」。統治階級制定的任官制度，往往由自己率先破壞，這是他們難以自我約束的結果。

考課和獎懲制度

封建統治者深深懂得，吏治的好壞，直接關係到政權的安危，因此總是盡最大的可能來全面監控全國官吏。除了建立單線垂直形的監察體系之外，還推行一套自上而下的嚴格考課和獎懲制度。

考課也稱考績、考核、考查，戰國以來，這種考課制度已經初具規模，秦漢、魏晉南北朝則逐漸形成有定期、有內容、有獎懲、梯次分明、分工明確的較為完整的考課體系。

（一）考課期限

秦漢實行一年一考，三年課殿最一次。年考從秋天開始進行，至年底各級官府將考課簿冊集中到中央，於次年的正月初一，群臣朝會時舉行考課大典，然後按分工考課；魏晉基本因循此制，但是由於戰亂頻繁，往往不能正常實行，於是改由皇帝不定期地下詔考課百司；東晉南朝，考課與任期相結合，以三年為小滿，六年為秩滿；北魏孝文帝改革後，實行三載考績、三考黜陟的制度，並與官吏任用相結合。按年月久暫定任用先後，年資成為考課的重要依據之一。

（二）考課內容和標準

考課的內容和標準，是根據官吏不同的職務和不同的職事分別制定。

縣一級的主要考課內容是「戶口墾田、錢穀出入、盜賊多少」，「嚴課農桑，罔令遊墮，揆景肆力，必窮地利，固修堤防」，以此作為衡量縣級官吏是否稱職的主要標準（《續漢書．百官五》）。

郡一級的主要考課內容是查其是否有侵漁百姓、接受賄賂、殺賞聚斂無度等現象。郡國向中央上計，主要彙報轄內戶口、墾田、賦稅的數目，米價的高低，治安情況，監獄在押人犯和死刑數目等等。以此評定治績，並參照德行作為衡量郡級官吏是否稱職的標準。

州一級的主要考課內容是「班宣舊條，務盡敦課」，「督察奸枉，分別黑白」。以州所轄各郡的治績作為衡量州級官吏是否稱職的主要標準（《宋書．文帝紀》）。

中央政府各部門的主要考課內容是依其所掌的事務而制定的，並且以品行和能力作為衡量官吏是否稱職的主要標準。

對於輔政官員的考課主要在於政績的好壞，如果出現「陰陽不和，四時不節，星辰失度，災變非常」，以及地震、河決、草木不生、君臣不正、民有怨聲、兵亂流亡等天災人禍和社會動亂，輔政官員要承擔責任，這也是考課輔政官員的主要內容（《太平御覽・職官部七》）。

對於軍官的考課，主要是在於武藝和統領指揮部隊的能力，《功令第卌五》：「士吏、候長、烽燧長以令秋試射以六，為程過六，賜勞矢十五日。」即一次發彎十二支，中六射者為合格，對帶兵的將領要考課其行營部伍、傷病逃亡和軍功戰績。

除按職務分工制定考課內容和標準以外，所謂清正、治行、勤謹、廉能等，這些則被認為是對官員們的基本要求。

（三）考課行政

兩漢時期，由皇帝考核丞相、三公；如果皇帝不親政事，則由尚書負責，交皇帝核准，如東漢光武帝和明帝「躬好吏事，亦以課覈三公」（《後漢書・朱浮傳》）。此外，尚書考核列卿，御史中丞考核刺史，丞相、三公、刺史考核郡國守相，郡國守相考核縣令長、丞、尉，縣令長考核鄉三老、嗇夫，層層考核。對於各級官府的官吏，由本部門的功曹負責考核。除此之外，中央政府部門還按職能向全國實行單項考核，諸如民事、軍事、農事、工程漕運、司法斷獄、學校禮儀等均有考課制度。這種縱橫有序、層層考核的制度，其統治意圖是使「抱功修職之吏無蔽傷之憂，比周邪偽之徒不得即工，小人日銷，俊艾日隆」（《漢書．谷永杜鄴傳》），以期振頹起衰。

然而，考核的權力分散，執行又多流於形式，使考課僅及長官而不及吏，於是「郡國擇便巧史書，習於計簿，能欺上府者，以為右職」，郡國「上計簿具文而已，務為欺漫，以避其課」（《漢書．王貢兩龔鮑傳》）。每個考課單位都是一個群體，分別對本長官負責，主持人多不願秉公執法，破除情面，正如東漢王符在《潛夫論》裡所說的「尚書不以責三公，三公不以責州郡，州郡不以討縣邑，是以兇惡狡猾易相冤也」，考課制度的陋弊幾乎是與該制度同步發展起來的。

魏晉南北朝時期不斷集中考課權，由尚書和侍中統一負責考課，五品以上官由皇帝和公卿評議，但對地方官的考課仍以上計和層層考核為主。由於戰事頻繁，士族門閥把持大權，考課之法時遭破壞，雖然帝王不斷三令五申，並且增加考課課目，僅南朝梁的考課課目就有五十八種，然而「晉朝南渡，優借士族。故江南冠帶，有才幹者，擢為令僕以下，尚書郎、中書舍人以上，典掌機要。其餘文義之士，多迂誕浮華，不涉世務，纖微細過，又惜行捶楚，所以處於清名，蓋護其短也」（《顏氏家訓．涉務》），可見，當時的考課制度已經與其本意背道而馳了。

（四）獎懲制度

在考課中，成績特別優異的被稱為「最」，而對於那些被評定為「最」的，要給予重獎，其餘再按優劣排列名次。對成績優良者的獎勵，大致是按口頭褒獎、行文褒獎、增加俸祿、賞賜黃金、提升職務、賜爵封侯的順序由低到高進行的，有時也數獎並行。例如，西漢召信臣為南陽太守，「其化大行，郡中莫不耕稼力田，百姓歸之，戶口增倍，盜賊獄訟衰止」（《漢書．循吏傳》），被認為各項考課成績皆優，因此賜黃金四十斤，提升為河南太守，並詔行全國；又如趙廣漢為陽翟令，以治行優異，越級提拔為京輔都尉。在南朝時，還「著令：小縣有能，遷為大縣，大縣有能，遷為二千石」（《梁書》）。

對官吏的提升稱為「遷」，一般積功久任的為「平遷」，有特殊功績和蒙受恩寵的拔擢，稱「超遷」或「擢」。考課為「最」者，一般都「超遷」一等，因無官缺不能升遷的則以增秩、賜金、封爵作為補充，對於治行特別突出的，在死後還要受到奉祀悼念。如西漢的召信臣和文翁，經皇帝批准，在家鄉立祠，在原治郡「歲時郡二千石率官屬行禮」。這些措施無非是為提高官員工作的積極性，讓他們盡忠職守，是君主用來籠絡官僚，平衡各種政治勢力的重要方法。

在考核中，成績較差的被稱為「殿」，對那些被評定為「殿」者要追究其責任，「吏有罪」為漢代「七科讁」之首，處罰是相當嚴厲的，應視其情節輕重，按申誡、鞭杖、罰金、降秩、降職、罷官、判刑、抄家、處死、株連家族等順序由輕到重地進行，有時也數罰並行。對考課不稱職和被監察人員指控的二千石以上官吏，先要由三公或尚書派遣掾史或郎吏進行核實，情況屬實者，奏請皇帝加以黜免或交廷尉問罪；如情況不實，指控者也要受到處分。如東漢光武帝時，大司空宋弘「坐考上黨太守無所據，免歸第」（《後漢書》）；明帝時，太尉趙熹「坐考中山相薛脩事不實免」（《後漢書》）。

二千石以下官吏，由專管考課的掾史進行了解和責問，如認為確有犯法嫌疑，經核實後，報主管長官來繩之以法，主管長官對辟用的吏屬有直接處死權。如南宋時，歷陽太守劉湛，對「奸吏犯髒百錢以上，皆殺之」（《宋書》）；但對朝廷任命或經朝廷核准任職的官，主管長官要上奏朝廷，獲准後再行處置，而懲處往往在一年一度的課吏大會時與獎勵同時進行。西漢東海太守尹翁歸，「收取人必於秋冬課吏大會中」，「以一警百，吏民皆服，恐懼改行自新」（《漢書》）。

「賞罰所以勸善禁惡，政之本也」，任何制度都是圍繞著君主專制而制定的，由於立法和執法中的偏差，以及君主和各級官吏的個人愛憎，獎懲往往又成為一些人謀取私利和陷害他人的方法。例如，漢代的霍光「賞賜前後黃金七千斤，錢六千萬，雜繒三萬匹，奴婢百七十人，馬二千匹，甲第一區」，這是由於霍氏已經執掌重權，皇帝對他又恨又懼，「內嚴憚之，若有芒刺在背」，所以給予逾格的重賞，一方面是為了安撫他，另一方面也是為了保存自己的帝位；而一旦皇帝恢復自己的權位，曾蒙受重賞的霍光便「身死而宗族竟誅」（《漢書．霍光金日磾傳》）；又如，韓延壽在郡多次被考課為最，因案校御史大夫蕭望之散放官錢事，反被蕭望之案具以前舊事而坐棄市，雖然「百姓莫不流涕」，但最終仍難免於死。類似這樣的情況，在史冊中屢見不鮮，「阿旨曲從，則光寵三族，直情忤意，則參夷五宗」的現象，是伴隨著賞罰不明、獎懲無信出現的。

北魏太后與乳母的大亂鬥

鮮卑族拓跋部建立的北魏政權，在西元三九八年至四九四年間是以平城（今山西省大同市區）為統治中心。在將近一個世紀裡，制約這個政權的因素有多方面，其中拓跋部繼承部落遺俗的影響與北魏統治者為排除其影響而推行的措施，是最為突出的一對矛盾。

北魏平城政權的前身是代國，代國與其說是國家，毋寧說只是在國家機器面前徘徊的部落聯盟。這個部落聯盟的核心是拓跋部，當其強盛時，包含了黃河河套與陰山山脈之間草原上的眾多異族部落。代王由拓跋部的首領擔任，但在形式上則要由組成聯盟的各大部落推舉產生，後來建立平城政權的道武帝拓跋珪，最初就是被勢力較大的賀蘭等部推舉出來。而在拓跋本部內，由於社會形態尚處於脫離母系氏族社會不久，因此首領的繼承方式雖以兄終弟及為主導，但又因一度由母后執政而被中原稱為「女國」。

離散諸部

平城政權建立的前夜，拓跋部面臨兩種截然不同的前途：要麼像祖輩那樣，繼續以部落聯盟的形式馳騁在北方大草原上；要麼像其他進入中原的游牧部落那樣，仿效漢族典章制度，建立封建化的國家。以曾經流亡中原、受過漢文化薰陶的拓跋珪為首的貴族選擇了後者，並因此與游牧部落貴族發生激烈的鬥爭，鬥爭主要形式表現為登國年間（西元三八六年～三九五年）十年的部落戰爭。與此同時，拓跋珪推行了離散諸部的措施。

離散諸部並非孤立的法令，而是與分土定居政策相配合實施，目的是剝奪陸續被征服部落酋帥的統領權力，從而將部民連同其酋帥在內轉變為編民。離散諸部在拓跋部落聯盟解體並向封建集權國家轉化的過程中發揮了關鍵性的作用，它使大部分游牧部落瓦解，推動它們的產業由游牧向農耕、半農耕轉化，加速部落內部階級分化，也強化了拓跋珪的統治權力。

西元三九九年初，拓跋珪稱帝，是為北魏道武帝，標誌拓跋部落聯盟一貫實行的首領推舉制被取消，向著確立封建皇權邁出了決定性的一步。

子貴母死

從部落聯盟轉化為封建集權政權、從游牧轉向農耕，對於一向生活在大草原上的各部落來說是翻天覆地的變化。這樣的變化既違背了部落民的傳統習俗，又直接損害了部落貴族的經濟、政治利益，因此雖然大多數部落已經歸附於平城政權，但反叛活動卻不斷發生。而且，平城不少貴族，又與那些反叛勢力聯繫緊密，也在伺機發動政變。

在如此嚴峻的形勢下，道武帝並未採取積極措施，卻將解決皇位繼承問題作為當務之急。道武帝欲以漢族實行的父死子繼制，取代拓跋部內傳統的兄終弟及制，與此同時，為了杜絕拓跋部中長期存在的母權干預現象，還訂立了「子貴母死」制度。所謂子貴母死，就是在確立儲君之時，將其母先行處死，道武帝這一殘忍的做法終於釀成了一場父子、兄弟間相互殺戮的政變。西元四〇九年，道武帝將立長子拓跋嗣為皇儲，就先將拓跋嗣之母劉貴人賜死。拓跋嗣對道武帝的做法難以理解，就被迫出走，以示抗拒。

道武帝不得已，打算改立次子拓跋紹為皇儲，於是又擬詔，殺死拓跋紹之母賀夫人。賀夫人遂與拓跋紹發動政變，反將道武帝殺死。歷史發展有客觀的、內在的規律，矯枉過正與操之過急，必然會受到歷史的報應。

太子監國

道武帝死後，拓跋紹隨即登上皇位，但時隔不久，先前出走的拓跋嗣攻回平城，處死拓跋紹母子，奪得皇位，是為明元帝。道武帝建立的北魏皇權在其長子明元帝身上延續，然而這並不表明拓跋部的兄終弟及遺俗已被廢除，因為明元帝雖以長子的身分當了皇帝，但他的皇位是從其弟拓跋紹手中奪取的，而像父親道武帝一樣，明元帝也不願意遵循兄終弟及遺俗，而想將皇位傳給長子拓跋燾。但是，當時皇弟廣平王拓跋連和京兆王拓跋黎尚健在，皇位之爭的危機仍然潛存。而為了防止身後發生政治危機，明元帝於西元四二二年採納漢族士人崔浩的提議，建立了拓跋歷史上未曾有過的太子制度。他不僅確立長子拓跋燾為太子，同時還命其監國。

所謂監國，就是皇帝在生前即將最高統治權力部分地授予儲君，讓儲君與自己同掌國政。這樣一來，拓跋燾繼承皇位成了既定方針，加上他大權在握，地位自然相當穩固，那兩位皇弟的繼承權就被排除了。以太子監國的辦法除卻兄終弟及遺俗的影響，是明元帝與崔浩的一大發明。自此以後，中原慣行的父死子繼制，名正言順地成為北魏皇位傳承的方式。

明元帝去世後，太子燾順利地繼承了皇位，是為太武帝。太武帝中年，也以其太子拓跋晃監國，但太子監國應是一種權宜之計，明元、太武兩朝卻將之確定為常務性的制度，必然會導致皇權運行的危機。

太子燾監國時，明元帝體弱患病，一年半後就去世了；但太子晃監國後，太武帝卻仍然年富力強，致使太子晃監國時間長達十二年，弊端便逐漸暴露。事實上，當太子晃的權力膨脹到一定程度時，東宮集團便麇集而成了，而當東宮集團與皇權的矛盾激化到不可調和的程度時，政治危機就會爆發。

西元四五一年，太武帝剿滅東宮集團，逼死太子晃。不久，閹官宗愛伺機作亂，殺死太武帝，操縱了朝廷大政。東宮集團與皇帝同歸於盡，標誌太子監國制的終結。

乳母弄權

閹官當道，皇權難以伸張，母權制遺俗卻在權力鬥爭的夾縫中乘機而興。西元四五二年，宗愛勢力被鎮壓，太子晃的長子拓跋濬被擁上皇位，是為文成帝。但文成帝即位時不足十三周歲，被控制在乳母常氏手中。如前已述，北魏後宮有子貴母死制，由於喪母的儲君往往幼小，需要有人撫養，自然地衍生出以乳母撫養儲君的慣例，而在母權制遺俗極濃厚的拓跋社會中，儲君乳母的干政意識也很強烈。

明元帝死後，太子燾的乳母竇氏就曾干預政事；文成帝乳母常氏則又後來居上，較竇氏更為張狂地干政。由於東宮集團被剿滅時，常氏保護過文成帝，在文成帝即位後她的地位便飛速上升，權勢也急劇膨脹。常氏在後宮之中掌有生殺大權，為了壓制文成帝，她引用子貴母死制，處死受文成帝寵愛的李貴人，然後將她選中的馮氏扶上皇后的寶座。常氏還將其政治觸角伸向外朝，常氏家族和一批佞臣、閹官成了政治上的暴發戶，乳母弄權成為平城政權的特色之二。

太后聽政

常氏與文成帝相繼去世後，即位的文成帝之子獻文帝，便受制於被常氏扶植起來的文明太后馮氏。西元四六六年，文明太后一度臨朝聽政，但迫於獻文帝背後的宗室壓力，她不得不放棄聽政之權，不過權力之爭並未就此結束。

文明太后首先採取與常氏同樣的方法，引用子貴母死制，處死受獻文帝寵愛的李夫人；然後，親自撫養李夫人之子太子拓跋宏，繼而於西元四七一年逼迫獻文帝禪位給僅僅四周歲的拓跋宏，是為孝文帝；最後，文明太后於西元四七六年殺死獻文帝，實現了自己再次臨朝聽政的願望。文明太后撫養與自己並無血緣的拓跋宏，其目的在於將這位皇儲牢牢地控制在手中牌。這一高明的政治方法，得自於文明太后見到乳母常氏，因控制了文成帝而能夠干政的經驗。

從發展脈絡來看，太后聽政恰恰是由子貴母死制、乳母撫養儲君的慣例上形成的，這與企圖扼殺母權的道武帝的初衷正相反。太后聽政是平城政權的特色之三，它似乎令人看到了母系氏族時代迴光返照的影子，說明拓跋社會尊崇母權習俗影響很深刻，一有機會就會頑強地表現出來，絕非簡單的暴力方法所能根除。

文明太后的勝利，使母權發展到登峰造極的地步。不過，太后聽政雖然與拓跋部遺俗相關，卻並不意味歷史的倒退。從道武帝初建平城政權到文明太后再次臨朝聽政，拓跋社會在封建軌道上運行已經歷時近八十年了，文明太后只是專制集權的代表，但與「女國」時代執政的母后本質已然不同，文明太后也因此陷入了無法解決的困惑之中。因為在父子相繼的傳統的社會環境裡，太后無法將權力像皇權那樣自然地傳承。文明太后在執政的十五年中作過許多改革，也曾有過廢掉孝文帝的打算，但最終仍不得不向現實低頭，以保留了在自己卵翼下的孝文帝皇位。西元四九〇年，文明太后去世，皇權重新伸張，但是文明太后遺下的勢力尚能影響政局。而為了盡快改變局面，孝文帝於西元四九四年遷都洛陽，北魏的平城時代就此結束。

對於脫離部落聯盟狀況不久，就進入封建漢族社會的拓跋部來說，這個漫長、曲折的過程是必要的，這也正是北魏在平城停留將近一個世紀的主要原因。

一場「宇宙大將軍」的叛亂

南朝梁武帝蕭衍統治末年，東魏降將侯景發動叛亂。蕭衍自天監元年（西元五〇二年）稱帝後，在長達四十多年的統治中，一貫寬縱皇族、優容士族。為了避免前代皇族間骨肉相殘的局面，他取消了宋、齊兩代監視和限制皇族權力的典簽制，讓皇族出任方鎮，對他們的橫徵暴斂、公開搶劫甚至是叛國，均予寬容。武帝晚年，出任方鎮的諸王無不擁兵自重，以至窺測皇位，大大加速了士族的腐朽過程，使統治集團中貪殘、侈靡、輕視武備之風日益嚴重，階級矛盾空前尖銳，形成了「人人厭苦，家家思亂」的嚴重局面，這就給了侯景以可乘之機。

侯景，字萬景，原為北魏懷朔鎮（今內蒙古包頭東北）戍卒。六鎮起義時，投降爾朱榮，為鎮壓葛榮的先鋒。因功擢為定州刺史、大行臺，威名遂著。後高歡誅滅爾朱氏，他又投靠高歡，官至司徒、河南道大行臺，將兵十萬，專制河南達十四年之久。太清元年（西元五四七年）高歡死，侯景與高歡子高澄有隙，乃據河南叛，並派人向西魏和梁洽降。西魏對侯景十分警惕，以援助為名，派兵占領侯景據地之半，並逼其交出兵權，入朝長安。梁武帝雖也曾一度猶豫，但很快就不顧多數朝臣的反對，納降侯景，封為河南王，都督河南南北諸軍事，並派蕭淵明領兵五萬進攻東魏。十一月，梁軍在彭城外十八里的寒山被東中途奪取壽春。

魏殲滅，淵明被俘；次年正月，侯景亦敗於渦陽（今安徽蒙城），僅剩步騎八百狼狽南竄，

梁武帝聽到寒山敗訊，嚇得幾乎跌下床來，歎曰：「吾得無復為晉家乎？」但仍不對侯景採取果斷措施，而是一面安撫，一面與東魏談判，企圖以侯景換回蕭淵明。侯景看穿梁朝統治集團的腐朽無能和梁武帝的心腸軟，將壽春居民充作軍士，並勾結蕭正德（蕭衍侄）作內應，許以事成後立之為帝，於八月舉兵反叛。

出乎梁武帝意料，侯景率騎數百、兵八千順利渡過長江，攻入建康，直指臺城（宮城，中央臺省與宮殿所在地）。十月二十四日，臺城被圍時，城內有「男女十餘萬，貫甲者三萬」，在良將羊侃指揮下展開了慘烈的臺城保衛戰。叛軍百道攻城，先後作長圍，起土山，用飛樓、登城車、火車輪番攻城，均被擊退。侯景又引玄武湖水灌城，「闕前御街並為洪波」，城被圍既久，犧牲慘重，瘟病流行，橫屍滿路。生存者止二三千人，並悉羸弱，但仍堅持抗爭，以待外援。此時集結在建康城外的各路援軍多達二三十萬，共推司州刺史柳仲禮為大都督；他與邵陵王蕭綸有怨，諸軍又互相猜阻，莫有戰心。建康士民扶老攜幼以候援軍，但援軍才過淮，即縱兵剽掠，尤使士民失望。侯景軍中有謀應官軍者，聞之亦止。荊州刺史湘東王蕭繹、湘州刺史河東王蕭譽等更是坐觀城破，以便爭奪帝位。侯景久攻臺

城不下，乃縱兵大肆殺掠，驅趕百姓日夜築土山，亂加毆捶，又募奴為兵，許以官爵。然叛軍損失亦多，又嚴重缺糧，戰鬥力大為削弱，且聞荊州兵東下，十分恐慌，故曾一度乞和，準備撤退。後因見援軍號令不一，終無勤王之志，於是加緊攻城，終於在三年三月十二日攻破臺城。

侯景矯詔解散援軍，三十萬大軍，或走或降，一朝散盡。五月，被軟禁的梁武帝病餓而死，侯景立太子蕭綱為帝（簡文帝），自居相國、宇宙大將軍、都督六合諸軍事，派兵攻占三吳等地。所到之處，專以焚掠為事，殺戮立威，但百姓寧死而終不附。大寶二年（西元五五一年）侯景率大軍西上，攻占郢州，進軍江陵，六月被蕭繹的荊州軍擊敗，退回建康，從此一蹶不振。八月，侯景廢簡文帝，十一月自立為帝，國號漢。承聖元年（西元五五二年）二月，侯景東逃，四月為其部下殺死，持續四年之久的叛亂終告平定。

侯景之亂讓江南社會遭空前浩劫，擁有二十八萬戶的首都建康，存者百無一二，完全成為廢墟；三吳原最富庶，經侯景燒殺搶掠，乃至殘破，及西魏破江陵，盡俘王公以下及百姓男女數萬家（又作十餘萬口）為奴婢，分賞三軍，驅歸長安，弱小者皆殺之，得免者僅三百餘家；東晉以來經營數百年而形成的三大經濟文化中心，均遭到毀滅性的破壞。而在這場戰亂中，東魏取得了淮南和廣陵，西魏取得了成都、漢中和襄陽，從而使南朝版圖大為縮小，加劇了北強南弱的局面。士族門閥在此次戰亂中不僅充分暴露了腐朽無能，而且受到了極其沉重的打擊，從而大大加速了南朝士族的衰亡過程。

《水經注》：南北朝的國家地理雜誌

在中國古代地理學家中，有一人被現代日本地理學家米倉二郎稱為「中世紀最偉大的地理學家」，他就是酈道元。酈道元勤奮好學，遍覽奇書，一生足跡遍及半個北部中國，並在此基礎上撰著《水經注》四十卷，是中國古代地理學名著。研究《水經注》成為後世專門學問，稱為「酈學」。

中國古代一向有重視水、撰著《水經》的傳統，在酈道元之前，至少有兩部《水經》流傳於世，其他文獻中有關河流水利的記載也不少，但誠如他所說：《大禹記》所記山川，「周而不備」；《地理志》所錄，「簡而不周」；《尚書．禹貢》和《周禮．職方》都太簡略；《水經》雖然粗綴津緒，但仍不夠周詳。更為重要的是，這些著作中時代最近的《水經》，也成書於三國時代，距離酈道元生活的北魏已有二、三百年之久，其間河流改道、民族遷移、城邑興廢、地名沿革，在在多有。而北魏又是一個分裂的時代，一條大河往往分屬兩國，當時「尋圖訪蹟者，極聆州域之說；而涉土遊方者，寡能達其津照」，有感於此，酈道元「以多暇空傾歲月，輒述水經，布廣前文」，著成《水經注》（《水經注．原序》）。

《水經注》所表現出的地理觀念，首先在於地理視野的廣闊。酈道元生活在一個南北政權對立的分裂時代，但《水經注》記載的地理範圍並不為北魏疆域所限，對於當時南朝治下的自然山川、人文地理，酈道元都著力描述。《水經注》一書中，區域的劃分，完全以自然山川為界，一山一水、一草一木、一城一邑，無不傾注著作者的熱情和摯愛。不僅如此，《水經注》中還保留大量南朝年號，這些年號不僅出現在南朝治下的南方地區，就是當時屬於北魏的領地，所記史事也使用南朝年號；而在對南北朝君主的稱呼上，除北魏外，十六國君王，都直呼其名，對南朝諸帝卻常稱廟號。和北魏時期另一位著名學者楊衒之在《洛陽伽藍記》中所表現的北魏正統觀念相比，酈道元無疑更具有民族認同感和大一統的思想。

《水經注》還記載了大量的域外地理，在卷一〈河水〉中，酈道元詳細描述了古代印度東南部的恆河、印度河和孟加拉灣沿岸的水文地理和風土人情；在南方，記載的地理範圍達至今越南北部、柬埔寨和馬來半島；在北方，延及長城以外的沙漠地區；西南方則遠達藏緬「徼外」。可以說，《水經注》記錄了酈道元時代已知的地理範圍。誠然，由於其足跡所限和文獻記載的不周，其中不乏荒誕不經的內容，但其目光已經超越傳統的華夏地域而達至「天下」。從這意義講，《水經注》是一部關於當時已知世界的地理著作。

其次，酈道元還具有地理變遷的觀念。《水經注》記載的河流有一千兩百五十二條，對於這些河流，酈道元無不窮其源流，追述其古今變化，其中最著名的當屬黃河的變遷。北魏以前，黃河曾經歷了兩次大規模的改道，一次是周定王五年（西元前六〇二年），一次是王莽時期，《水經注》對這兩條黃河故道的走向都有詳細的描述，稱之為「大河故瀆」和「王莽河」。當時在華北平原，由於自然環境的變化和人為的影響，很多小河流已經乾枯，酈道元經實地考察，指出其「今無水」，並感歎「今古世懸，川域改狀」。《水經注》以河流為綱，在自然地理方面，有地形地貌、伏流瀑布、動物植物、自然災害等；在人文地理方面，則有城邑聚落、行政區劃、陵墓建築以及產業分布等等。

酈道元的地理描述中，還蘊含著深切的人文關懷。《水經注》對於每條水道所經，必詳細記載其城邑興廢、民族遷徙、風土人情、歷史故事乃至神話傳說，將國家民族的歷史文化融匯於自然山川之中。我們在展讀《水經注》的每一篇章時，不僅可以了解壯麗的河山，同時也能讀到興於斯、盛於斯的民族文化，自然景觀也成為人文景觀。

最後，酈道元擅長地理描述。以前人們多注意《水經注》一書的文學色彩，在酈學研究史上還出現過專門的「詞章學派」，但酈道元對地理現象的描述，最突出之處還在於地理現象的客觀真實。酈道元對地理現象的科學描述，是建立在文獻分析和實地考察相結合的基礎上。他常說「雖千古茫昧，理世玄遠，遺文逸句，容或可尋，沿途隱顯，方土可驗」（《水經注》卷五〈河水〉），「遺文逸句」是指傳世文獻記載；「方土可驗」是指實地考察。透過兩方面的綜合分析，酈道元一方面印證了古書的記載，也更正了許多《經》文的錯誤和前人的訛傳。

九、隋唐五代

隋唐都城走透透

隋唐時期，伴隨著封建經濟的發展和統一國家的重建，作為全國政治、經濟、軍事、文化中心的長安和東都洛陽，較前代更加繁榮；過去一些地方性的政治軍事中心，成為較大的工商業城市；在沿海市鎮及內地水陸要衝，也出現了若干國內外貿易的都會。隋唐時期比較著名的都市有長安、洛陽、開封、成都、揚州、廣州、明州、泉州等，其中洛陽和開封，五代時曾是不同政權的都城。

長安是隋唐兩代首都，隋文帝開皇二年（西元五八二年）命高熲、宇文愷等在漢代長安故城東南二十里的龍首原之南，規劃創建新都，次年遷入，因文帝曾被封為大興郡公，遂定名大興城；唐初長安稱京城，天寶元年（西元七九四年）改稱西京。這個時期的長安也是隋前期的雍州、煬帝時的京兆郡、唐初的雍州和開元以後京兆府的治所。

長安全城分宮城、皇城、外郭城三部分。宮城居北，為皇宮所在；皇城居宮城南，為各官衙所在；外郭城居宮城、皇城的東、南、西三面，為官民住宅及工商市肆所在。全城呈規整長方形，周長三萬六千七百公尺，南北長八千六百公尺，東西寬九千七百公尺，面積約為八十四平方公里。隋代興修大興城是先建宮城和皇城，後建外郭城。因土城易崩塌，隋煬帝大業九年（西元六一三年）、唐高宗永徽五年（西元六五四年），及玄宗開元十八年（西元七三〇）都曾修築外郭城。唐代除增建大明宮、興慶宮外，對大興城規制無大改動。

外郭城即京師城，共設十三門，東、西、南各三門，均建高大門樓。南面正門明德門最為宏偉，有五個門道，兩旁門道為平時官民出入通道，中間三門道僅供皇帝通行。其餘各門均為三門道。北面四門，三個在宮城之西，只有興安門在宮城以東，本是通禁苑的北門，唐建大明宮後，則成為大明宮南面五門之一。

宮城居都城北部正中，為規整長方形，周長八千六百公尺，面積約四點四平方公里。太極宮（隋名大興宮）居宮城中央，宮城東部為太子的東宮，西部為宮女居住的掖庭宮，掖庭宮的北部為太倉所在，南部為內侍省所在。宮城南面五門，正中為承天門，南臨橫街，寬三百步（四百四十一公尺），是元正、冬至、設宴、赦罪等舉行「外朝」的地方。太極宮前殿太極殿，是皇帝日常接見群臣的「中朝」所在，兩側分設中書省、門下省等機構。北面的兩儀殿（隋名中華殿）是皇帝和少數大臣議政的「內朝」處所，兩側為皇帝寢宮。宮城北面三門，玄武門居中，駐重兵保護皇宮。武德九年（西元六二六年）六月，李世民與兄李建成爭奪皇位的玄武門之變即發生於此。

皇城位於宮城南面，平面亦成規整長方形，周圍九千二百公尺，面積五點二平方公里。北面無牆，與宮城以橫街相隔。城內南北七街、東西五街，其間分列中央衙署及太廟、社稷。南面正門朱雀門與承天門及外郭城的明德門在一線上，長安城中最重要的朱雀大街即因此門得名，因起於承天門，亦名「天街」。全城有南北向大街十一條，東西向大街十四條，其中貫穿於城門間的幹道各三條，號稱六街，街面寬廣，兩側均有整齊水溝。二十五條大街將全城分為一百零八個坊（隋稱里，大明宮、興慶宮建後為一百零九坊）及兩個市，形成棋盤式網形方格，如白居易所稱：「百千家似圍棋局，十二街如種菜畦。」以朱雀大街為界，東半五十四坊及東市屬萬年縣，西半五十五坊及西市屬長安縣。

坊（里）是居民住宅區，各坊均有名稱，成正方或長方形。宮城、皇城兩側的坊面積較大，皇城以南的坊面積較小。坊四面有牆，除朱雀大街兩側的坊僅東西兩門、坊中僅一條東西向街以外，其餘各坊均四面各開一門。坊門開關有定時。坊內街巷縱橫，分為十六個社區。坊內除官民住宅外，還有官衙、寺觀。寺觀分布尤廣，天寶前城內有僧寺六十四、尼寺二十七、道觀十六、胡祆寺四、波斯寺二，天寶後續有增加。寺觀占地甚廣，如興善寺和昊天觀等都各占一坊之地。宮城、皇城及大明宮、興慶宮附近各坊多為王公大臣和宦官所居，十分繁華。南郭近南城門一帶各坊居民稀少，頗多空地。

東市（隋稱都會市）和西市（隋稱利人市）為工商區，分設於皇城東南和西南，各占兩坊之地，面積約一平方公里。兩市均呈方形，四周築牆各開兩門，內設寬十六公尺的南北向、東西向街各兩條，交叉成井字形，將市分為九區。區內店鋪（肆）密布，臨街而設，有兩百二十（一說一百二十）行之多，有飲食店、珠寶店和手工業作坊等。街兩側均有磚砌水溝。管理兩市的衙署分別設在市正中一區內。

貞觀八年（西元六三四年），唐太宗李世民在宮城東北龍首原上建永安宮，供太上皇（唐高祖李淵）避暑使用，次年改名大明宮。高宗以太極宮「湫濕」為由，於龍朔二年（西元六六二年）加以擴建，又稱蓬萊宮，次年即遷入。從此，大明宮取代太極宮，成為唐朝主要宮廷，除玄宗外，諸帝都在此居住聽政。因在皇城內，又稱東內，太極宮則稱西內。

大明宮周圍七千六百公尺，面積約三點二平方公里。宮城南面五門，以居中丹鳳門為正門，皇帝常在此宣布改元、大赦等重大政事，門南有丹鳳門大街，寬一百二十步（約一百七十六公尺）。北面居中為玄武門，與夾城重玄門相對。東一門稱左銀臺門，西兩門，南為右銀臺門，北為九仙門，東西門外分別駐有左右三軍，他們是禁衛宮廷的禁軍，即六軍。重玄門內有統領禁軍的北衙。中唐後，北衙為宦官掌握，他們干預朝政，甚至廢立皇帝，十分囂張。

大明宮正殿為含元殿，是舉行重大慶典和朝會之地，建於丹鳳門正北龍首原南沿上，殿基高出平地十五公尺，由此可俯視長安城。殿前向南伸出三條平行的階道，長七十八公尺，稱為「龍尾道」。殿北為宣政殿和紫宸殿，分別為常朝之處及內朝正殿，三殿在同一中軸線上。宮西部的麟德殿是舉行宴會和接見外國使節之處。宮的北部中央，龍首原北坡下有著名的太液池，環池有遊廊四百間，從池北至玄武門，有殿堂樓閣多處，是宮內園林風景區。

興慶宮在東郭。開元二年，唐玄宗李隆基於舊居興慶坊置宮，因名興慶宮。十四年又取永嘉、勝業兩坊之半擴建。玄宗於此起居聽政。因在大明、太極宮之南，又稱南內。平面呈長方形，周圍四千六百公尺。四面設門，以西面興慶門為正門。主要建築有勤政務本樓、花萼相輝樓等。玄宗為便於往來，沿長安城外郭東牆築夾城，北通大明宮，南通芙蓉園。皇帝及其侍從潛行夾城中，外人不知。

芙蓉園在外郭城東南隅牆外，周圍有牆，長約七千公尺。曲江在園西部，周長約四千公尺，這裡園林明媚，風景秀麗，是著名的遊覽勝地。為城市和宮苑的用水和美化，隋初鑿龍首、永安、清明三渠；唐武德六年顏旭又開渠引南山水入京城；天寶初又鑿漕渠，注西市，後又引入宮城，以流輸南山木材、薪炭。

隋唐長安城不僅是中國政治、經濟、文化的中心，又是當時世界聞名的大都會，亞洲各國的使節、商人、僧侶經常往來於長安，國內各族及鄰國常派子弟來留學。長安城的建築規制也為國內少數族地方政權及外國所仿效，如渤海的上京、日本的平安京即係仿長安建造。

長安自安史之亂以後迭遭兵燹破壞，往往在亂定後又基本恢復。但是到了昭宗天祐元年（西元九〇四年），朱溫迫昭宗遷都洛陽，拆毀長安宮室百司及民間廬舍，取其材木浮渭沿河而下，因而遭到了毀滅性的徹底破壞。此後歷朝不再在此建都，未再謀求恢復。在昭宗東遷的同年，朱溫調遣國軍於長安，以韓建為節度使，韓另築一大大縮小了的新城於原皇城及部分宮城舊址，基本上即今西安城。而自宋以後，城南的隋唐遺跡一直成為人們的遊覽勝地。

活在「貞觀之治」的小確幸

唐太宗李世民在位期間，是中國封建社會歷史上有名的治世，因年號貞觀（西元六二七年～六四九年），故稱「貞觀之治」。唐大宗李世民即位初始，懲隋亡之鑒，順應天下思治的民情，以「撫民以靜」為施政的出發點（《資治通鑒》），推行去奢省費、輕徭薄賦、選用廉吏、興修水利、鼓勵懇荒、增殖人口、廣設義倉等措施，使隋末戰亂一度凋敝的社會生產又呈現生機。

從諫如流，選賢任能為貞觀之治的特點，太宗本著捨短取長，兼明優劣的用人方針，親君子、遠小人，士庶並舉、新故同進、漢夷並用。房玄齡、杜如晦、魏徵、虞世南、馬周、秦叔寶，或以善謀、或以善斷、或以忠直、或以幹練、或以文才、或以武勇，各盡所能，效力於太宗，成為貞觀之治實現的重要因素。

太宗極為重視吏治，執法務求寬簡，提倡節儉，抑制舊族勢力，並大興學校，盛開科舉，籠絡地主階級知識分子，為庶民地主廣開參政之門。太宗致力於鞏固邊防，安撫邊疆各族降眾，廣以羈縻州府，緩和了西北、北邊的邊患，民族間的交往得到加強，因此，北方各族尊太宗為「天可汗」，並開闢「參天可汗道」，以加強羈縻府州同中央的聯繫。太宗在兼容並蓄、開明開放的民族思維引導下，推動的和親、團結、德化的民族政策，為統一的多民族國家做出了卓越貢獻，文成公主入藏和親，在漢藏友好史上意義深遠。貞觀之治所造就的盛世昇平景象，史家經常與漢代的文景之治相媲美。但貞觀後期，太宗屢興營建，日趨驕逸，又連年用兵，親征高麗，加重了人民的負擔，在納諫、用人、執法等方面不如前期，因此貞觀之治也有其歷史和個人的局限性。

《貞觀政要》記載：「官吏多自清謹。制馭王公、妃主之家，大姓豪猾之伍，皆畏威屏跡，無敢侵欺細人。商旅野次，無復盜賊，囹圄常空，馬牛布野，外戶不閉。又頻致豐稔，米斗三四錢，行旅自京師至於嶺表，自山東至於滄海，皆不糧，取給於路。入山東村落，行客經過者，必厚加供待，或發時有贈遺。此皆古昔未有也。」

這就是封建史家所描繪的貞觀之治！似乎真是朗朗乾坤、清平世界，是一幅多麼動人的社會圖畫！當然不能說這些全無根據，但溢美成分也是不少的。總體來說，貞觀時期，以唐太宗為首的統治集團注意發展農業生產，輕徭薄賦，他用賢勤政，政治較為清明，人民生活基本有了保障，社會秩序安定，階級矛盾緩和，民族關係較融洽。這確實是封建社會的治世，比平世好得多，更不要說亂世了。

貞觀治世，不僅是唐太宗和他的大臣們所建立的，更是隋末農民起義推動的結果。農民戰爭打擊了封建統治階級，使唐太宗及其臣屬在制定政策時，不能不對農民的要求有所考慮，如輕徭薄賦、租庸調法全面實施。由此可見，貞觀之治是人民創造歷史、推動社會發展的有力證明。

但我們不能不注意到，即使在貞觀時期，農民生活還是很苦。隋煬帝時，人民為逃避苛重的徭役，自殘肢體，稱之為「福手」、「福足」；貞觀時期，這種遺風猶存，說明即使在封建社會的治世，階級矛盾還是相當尖銳。

從才人到皇帝，武則天的職場生存術

武則天為唐高宗李治的皇后，後為大周則天皇帝，也是中國歷史上唯一的女皇帝，并州文水（今山西文水東）人。武則天十四歲時，唐太宗李世民召入宮為才人；太宗死後，則天入感業寺為尼。

唐高宗即位，復召入宮，拜昭儀，進號宸妃，與王皇后、蕭淑妃爭寵，互相讒毀。永徽六年（西元六五五年），高宗立武氏為皇后，而王皇后被廢不久，即與蕭淑妃同被則天害死。武則天素多智計，兼涉文史，自顯慶末年起，乘高宗體弱多病之機，遂專國柄，威勢日重。上元元年（西元六七四年），高宗稱「天皇」，武后稱「天后」，宮中稱為「二聖」。

弘道元年（西元六八三年）高宗去世，中宗李顯即位，則天臨朝稱制。嗣聖元年（西元六八四年）二月，則天廢中宗為廬陵王，立睿宗李旦，繼續臨朝稱制。武則天於天授元年（西元六九〇年）稱帝，國號周，廢睿宗為皇嗣，改東都洛陽為神都。

武則天在奪取政權的過程中，大肆剪除異己，打擊政敵，並誅殺一些被她懷疑的大臣，如唐初元老重臣長孫無忌、褚遂良、于志寧、裴炎及程務挺等人，少數被貶逐，多數遭誅殺；李氏皇室及宗室諸王相繼被殺戮殆盡。武則天以女王的身分號令天下，執政前又無自己的心腹，執政後多疑臣民不忠於己，遂任用索元禮、周興及來俊臣等酷吏，廣事羅織，嚴酷逼供，獎勵告密，雖然消滅了一些政敵，但也濫殺無辜；到武周政權正式建立以後，鬥爭趨向緩和，此風才有所收斂。

武則天為抬高武氏一族及寵臣李義府等人的社會地位，抑制舊門閥士族及李唐皇族，改《貞觀氏族志》為《姓氏錄》，把武家列入第一等，並規定凡五品以上官員皆入於譜。為了培植自己的政治力量，擴大其政權的社會基礎，她舉行殿試，創武舉、自舉、試官等制，員外置官，破格用人，這樣做雖然選拔了一批才能之士，但也不免使官員倍增，流於冗濫。

高宗在位時，武則天曾上疏建言十二事，其中有勸農桑、薄賦斂、息干戈、禁淫巧、省力役等進步的主張，高宗皆略施行之。在武則天執政的半個世紀中，由於隋末農民起義及唐太宗貞觀之治的基礎，以及武則天沉重打擊舊士族和大貴族、大官僚集團，執行了一些進步的政策，社會經濟呈現出發展的趨勢。

武周政權建立後，女皇又感到整個西域過於闊遠，不易管轄，遂於長安二年（西元七〇二年），把天山以北地區從安西都護府劃出來，另置北庭都護府，治庭州（今新疆吉木薩爾北破城子）。安西四鎮（即碎葉、龜茲、于闐、疏勒）自垂拱二年（西元六八六年）起為吐蕃所占。武則天不甘心失土，乃於長壽元年（西元六九二年）遣王孝傑等大破吐蕃，恢復了四鎮。武則天還非常重視著述，召學士先後撰成《玄覽》、《古今內範》、《青宮紀要》、《少陽政範》、《維城典訓》、《紫樞要錄》、《鳳樓新誡》、《孝子傳》、《列女傳》、《內範要略》、《樂書要錄》、《百寮新誡》、《兆人本業》、《臣軌》等書。她另有《垂拱集》、《金輪集》等著述。

但武則天也有不少消極行為，她崇佛教、建寺院、築明堂、造天樞、鑄九鼎，浪費了大量的人力物力，在打擊政敵的過程中也不免濫殺無辜，而官吏大增也必然加重了農民的負擔，在她統治時期儘管社會經濟有所提升，但逃戶問題日益嚴重，府兵制開始走向破壞。武則天又重用武氏宗室武承嗣、武三思、武攸緒及武攸寧等人，並大封武氏宗親為王。大臣吉頊等人深以嗣君之選為慮，武則天也感到作為女子，死後只能入李家宗廟享子孫祭祀，所以接受臣下建議，於聖曆元年（西元六九八年）迎還廬陵王李顯，復立為太子，且其晚年寵愛男妾張昌宗、張易之兄弟，二人狐假虎威，作威作福。

神龍元年（西元七〇五年）正月，張柬之、桓彥范、崔玄、敬暉等人聯合右羽林大將軍李多祚發動政變，誅殺二張，逼則天退位，迎中宗復位。中宗上尊號為則天大聖帝，後人因稱她為「武則天」，並於同年十一月駕崩。

課本上沒說的黃巢之亂

黃巢（?～西元八八四年），唐末農民戰爭領袖，曹州冤句（今山東曹縣西北）人，稍通書記，屢舉進士不第，以販私鹽為業。家富於財，善擊劍騎射。唐懿宗咸通（西元八六〇～八七三年）末至僖宗乾符（西元八七四年～八七九年）初，連歲凶荒，黃河以南尤其嚴重，農民起義紛紛爆發。

乾符二年（西元八七五年）初，王仙芝、尚讓等在長垣（今河南長垣東北）起義，唐末農民戰爭爆發。五月，黃巢與同族兄弟、子侄黃揆和黃恩鄴等八人募眾數千回應。接著王、黃兩軍會合，協同作戰，東攻沂州（今山東臨沂）不克，就西向進攻洛陽周圍地區，唐統治者急調大軍夾擊。王、黃乃於乾符三年十月間南趨唐州（今河南泌陽）、鄧州（今河南鄧縣），以後又活動於今河南、湖北、安徽等地，反覆衝擊敵人。同年底，蘄州（今湖北蘄春東北）刺史裴偓對王仙芝誘降，仙芝動搖，欲受唐官職。黃巢指斥他說：起初我們共立大誓，橫行天下，現在你獨自取官降敵，廣大群眾何所歸宿！因怒擊傷仙芝首。仙芝畏眾怒，不敢受唐命，遂與黃巢分兵作戰。黃巢率軍北上，攻克鄆州（今山東東平北）、沂州等地。以後王、黃雖曾一度臺攻宋州（今河南商丘南），不久又分兵。

乾符五年，王仙芝在黃梅（今湖北黃梅西北）戰死，尚讓率餘部奔亳州（今安徽亳縣）與黃巢所部會合，推黃巢為黃王，號沖天大將軍，建元王霸，署置官屬。從此，黃巢成為起義軍的最高領導人，兩支義軍會合後，勢力又見壯大。黃巢再度北上，克沂、濮等州，然後沿黃河南岸西進，「欲窺東都（洛陽）」，唐朝急調軍隊增援東都。黃巢知攻東都無望，於是引兵南下，渡過長江，東趨下游。在越州（今浙江紹興），遭到鎮海（今江蘇鎮江）節度使高駢部將張璘、梁纘的阻擊，義軍乃轉由浙江南進，開山路七百里，進入福建，攻克福州（今屬福建）。黃巢在福州大力打擊官僚，地主，殺了頑固不化的「處士」周朴 。後率大軍沿海岸南進，於六年九月攻占嶺南重鎮廣州。經過大約兩個月的休整，黃巢在這年冬又率領大軍北伐，自號「義軍都統」，並發表文告，宣布即將打入關中，指斥唐朝以宦官掌握朝政，綱紀紊亂，朝臣與宦宮勾結，賄賂公行；還宣布義軍禁令，禁止刺史廣殖財產，縣令犯贓者全族處斬。他所指責的都是當時極弊，深得群眾擁護。義軍擁眾數十萬，從桂州（今廣西桂林）出發，乘大筏沿湘江順流北上，攻克潭州（今湖南長沙），又下江陵（今屬湖北）。本欲乘勝進兵中原，直趨關中，但至荊門（今屬湖北）為唐將領劉巨客所敗，乃轉而東進。於廣明無年（西元八八〇年）五月在信州（今江西上饒）擊斃淮南（今江蘇楊州北）節度使高駢的驍將張璘；七月，自采石（今安徽馬鞍山西南長江東岸）飛渡長江。

高驕與唐廷有矛盾，又懾於義軍聲威，雖擁兵十幸萬，但保境而已，不敢出戰。黃巢渡江後門破竹之勢跨越淮河，於十一月占領東都洛陽。進軍途中，義軍「整眾而行，不剽財貨」，沿途群眾紛紛參加義軍，眾達百萬。入洛陽城後，義至勞問冒民，閭裡晏然。黃巢北攻時，還特意轉牒唐朝各鎮兵將：你們各宜守壘，勿犯我兵鋒。我將入東都，到京師向皇帝問罪，與你們無涉。這些話分化了敵人營壘，所以兵行無阻。黃巢在東都並未久留，隨即轉旗西指，於年底突破潼關（今陝西潼關東北）天險，最後攻下了京師長安。唐僖宗和大宦官田令孜南逃成都。義軍入城之日，向貧民散發財物，並由大將軍尚讓向群眾宣布：「黃王起兵，本為百姓，非如李氏不愛汝曹。汝曹但安居無恐！」

十二月十三日（西元八八一年一月十六日）黃巢即位於含元殿，國號大齊，改元金統。

原唐朝官員，四品以下酌情留用，三品以上全部罷官。其中樞主要官員有：尚讓為太尉兼中書令，趙璋為侍中；原唐官崔理和楊希古並同平章事（即宰相）；孟楷、蓋洪為尚書左、右僕射；翰林學士中還有著名詩人皮日休。黃巢在長安執行嚴懲皇族、公卿的政策，唐宗室留長安者幾無遺類，義軍查獲降官張直方夾壁中隱藏的高官顯貴百餘人後，全部處死。大齊政權還沒收富豪的財產，號稱「淘物」，宮室皆赤腳而行。次年，唐軍曾一度攻入長安，義軍暫時撤出，當夜反攻，將唐軍驅逐出城。

但黃巢既未派大軍追擊唐僖宗，也沒有首先全力殲滅分鎮關中的唐朝禁軍，大齊政權也缺乏必要的經濟政策，生產、財政均無著落，這樣，敵我力量對比就逐漸發生了不利於義軍的變化。關中地主堅壁清野，使大齊政權陷入嚴重的缺糧困境；中和二年（西元八八二年）大齊的同州（今陝西大荔）防禦使朱溫叛變降敵；沙陀族李克用應唐朝的乞援，率勁旅一萬七千人南下；敵方軍力大大增強。這時，黃巢發現困守關中已很不利，乃於三年四月東撤，攻逼蔡州（今河南汝南），唐節度使秦宗權戰敗，投降黃巢。六月間，義軍開始圍攻陳州（今河南淮陽）。守將趙犨頑抗，義軍久攻不克，朱溫和李克用又先後前來增援趙犨，黃巢遂於四年四月解圍，逾汴而北，又遇到唐徐州節度使時溥的阻擊，作戰不利，最後退至狼虎谷（今山東萊蕪西南），於六月十七日兵敗自殺（一作為甥林言所殺）。歷時九年餘的農民戰爭至此結束。不久後，唐王朝即告滅亡，進入五代十國。

十、宋朝

武將下去！文人的時代來臨了

宋太祖趙匡胤在後周時，隨周世宗作戰有功，任殿前都檢點，統領精粹的禁軍。西元九五九年，周世宗死，七歲的幼子宗訓（恭帝）即位，趙匡胤又兼任宋州歸德軍節度使，防守開封（京城）。顯德七年（西元九六〇年）元旦，趙匡胤以鎮（河北正定）、定（河北定縣）二州名義，謊報契丹勾結北漢大舉南侵，宰相范質、王溥不辨虛實，立即派趙匡胤率軍出征。初三早晨，趙匡胤率兵到達開封東北四十里的陳橋驛，弟趙匡義、歸德軍掌書記趙普和軍中諸將把皇帝的黃袍加在趙匡胤身上，擁立他做皇帝。趙匡胤率領禁軍返回守衛空虛的京師，殿前都指揮石守信等在宮中作內應，輕而易舉地奪取了皇位。由於趙匡胤原任宋州歸德軍節度使，所以新立的王朝便建號「宋」。

北宋政權雖然建立，但當時在南方和北方，還存在著南唐、吳越、漳泉、南漢、湖南、荊南、後蜀、北漢等八、九個割據政權，就是在北宋統治區域內，也還有不少節度使；而在北宋中央政權中，特別是在軍隊中，還有一批在後周時同趙匡胤地位相當的禁軍將領，他們都手握重兵。趙匡胤靠他們的支持才奪取後周政權，但又害怕這些人也用同樣方法把自己搞垮。宋太祖和弟弟趙光義以及他們的主要謀士趙普，為了鎮壓人民的反抗和防止割據勢力的再起，採取了一系列加強專制主義中央集權的措施。

首先削減州郡（府、州、軍、監）長官的權力，不許他們兼任一個州郡以上的職務，州郡的兵權、財權和司法權也都收歸朝廷；又規定州郡長官由文臣擔任，長官之外另設通判，使其互相牽制。後來，又把全國州郡劃分為十五路，陸續在各路設轉運使、提點刑獄、安撫使、提舉常平四司，除安撫使用武人外，其他也都由文臣擔任。路、州、縣的官員都由中央官兼攝，屬於臨時指派的性質，「三年一替」。此外，南方各州郡的城牆和護城河，絕大部分被毀填為平地，例如西川路共二十九個州郡，只留下益州（成都）、梓州（三臺）、眉州（眉山）、遂州（遂寧）四座城隘。這樣，地方長官的權力被分散，任期短暫，武力削弱，就不能與朝廷對抗。

其次，分割宰相的權力。不但在宰相之下增設「參知政事」作為副職，而且還把在唐末五代設置過的樞密使和三司使定為常員，以樞密使分取宰相的軍政大權，以三司使分取宰相的財政大權。樞密使、三司使的權力是和宰相不相上下的。本來是「事無不統」的宰相，經過這番改革，只剩下有限的權力。這樣，皇帝便可以總攬大權、操縱自如了。

其三，禁軍不再設置最高統帥，罷去殿前都檢點、副都檢點及侍衛馬步軍正副都指揮使的職位，而且把禁軍兩司分為三衙，即殿前司與侍衛馬軍司、侍衛步軍司鼎足而立。建隆二年（西元九六一年）趙匡胤奪取了禁軍主要將領石守信、王審琦、高懷德等人的兵權後，三衙的將領則起用一些資歷較淺、容易駕馭的人來擔任，但就是對這些人，也是嚴加控制，處處防範，時常加以調動。這些將領雖統率軍隊，而軍隊的調遣和移防等事則須聽命於樞密院。同時，還實行「更戍法」。禁軍的駐屯地點，每隔幾年更調一次，而將領卻不隨之更動，使得「兵無常將，將無常師」，以防止軍隊兵變和武人擁兵自立。

其四，發展了隋唐以來的科舉制度，增加錄取名額，放寬錄取標準，提高被錄取人的待遇，廣泛地吸收地主階級的知識分子參加政權。宋太宗在位二十一年，透過科舉而得官的將近一萬人；宋仁宗在位四十年，單由進士一科而得官的就有四千五百一十七人。這批知識分子成為封建國家的忠順奴僕和統治人民的得力工具。從宋太祖後期起，舉人經禮部考試後，還必須透過殿試才合格。這樣，被錄取的人便成為「天子門生」了。

其五，北宋統治者按照「守內虛外」的政策進行軍事部署，禁軍有一半駐防在京師及其附近，其餘分成全國各重要地區。邊境上只屯駐少量的禁軍，對遼、西夏的貴族勢力採取了被動的守勢。

北宋統治者採取了這些加強中央集權的措施，對解決藩鎮拔扈、維護國家統一是發揮了重要的作用，在客觀上也有利於社會經濟的發展。但這些措施雖然解決了中央與地方藩鎮的矛盾，卻種下了「積貧積弱」的禍根，例如實行兵將分離政策而帶來了將帥無權、指揮不靈，以致軍隊戰鬥力不強的弊端。雖然北宋政府徵集了百餘萬軍隊，但卻無法阻擋遼、西夏的侵擾。由於各級政府權力的分散，形成了疊床架屋的龐大官僚機構。儘管北宋政府盡力搜括人民財物，仍難以應付龐大的財政開支。

至仁宗時期，官僚機構越來越龐大，官員人數越來越多，而整個官僚機構卻是一派委靡不振的腐敗景象。朝廷政令「信宿輒改，適行遽止」。宰相固守成規，「無所建白」。任何改革建議，都以「先朝舊規，不可輕易改革」為由，被打入冷宮。軍隊的數量也越來越多，到慶曆年間，宋朝的禁軍和廂軍總數已達一百二十多萬，相當於北宋初年的六倍。軍政卻越來越腐敗，平時不加訓練，終日飽食嬉戲，遇敵則一觸即潰。維持這支臃腫不堪的雇傭兵的費用，每年要耗去政府財政收入的大部分。

巨額的冗官俸祿和賞賜，龐大的軍費開支，統治者的大興土木和其他揮霍，以及由於「澶淵之盟」給遼的歲幣，北宋統治者都根據「量國用而取之民」的方針，大量增加賦稅的名目和稅額。加以連年災荒，農民被迫在死亡線上掙扎反抗，鬥爭不斷發生，王小波、李順起義失敗後，小規模的農民革命鬥爭仍持續不斷，到仁宗時期更加蓬勃開展。

宋仁宗慶曆年間的農民起義和士兵嘩變，同樣被鎮壓下去，但是階級矛盾卻日益激化。同時，宋王朝與西夏、遼的關係也很緊張，西夏統治者元昊正式稱帝後，不斷派兵向宋進攻，並且接連打敗駐守陝西各路的宋兵；遼也乘機要脅，於慶曆二年（西元一〇四二年）陳兵幽燕，要宋朝交出周世宗收復的瓦橋關（今河北雄縣南）以南十縣之地。宋只好用不斷賠款增幣的辦法換取遼放棄對這十縣土地的要求。內憂外患的嚴重處境，使得宋統治集團中一些人開始意識到不能再照老樣子統治下去。在當時士大夫的議論中，富弼的看法是最有代表性的，他在〈乞選任轉運守令以除盜賊疏〉中指出：

「國用殫竭，民力空虛，傜役日繁，率斂日重。官吏猥濫，不思澄汰；人民疾苦，未嘗省察。百姓無告，朝廷不與為主，不使叛而為寇，復何為哉。」

他還認為「朝廷自守弊法，不肯更張」將會導致十分危險的後果。其他名臣如歐陽脩、范仲淹等人，也都有相似的議論。

慶曆三年（西元一〇四三年），宋仁宗在當時變法浪潮的影響下，為了扭轉宋朝政權衰敗的局面，也「欲更天下弊事」。這年八月，仁宗任命范仲淹為參知政事，讓他同富弼等人就當世急務提出書面建議。范仲淹奏稱：明黜陟、抑僥倖、精貢舉、擇官長、均公田、厚農桑、修武備、減徭役、覃恩信、重命令等十事。建議從這十方面著手進行改革。宋仁宗接受了范仲淹的大部分建議，從慶曆三年（西元一〇四三年）九月到慶曆四年（西元一〇四四年），先後發布了一系列詔令，宣布對官僚選拔和升遷的辦法進行改革。主要內容有：「臣僚非有勳德善狀，不得非時進秩」，「凡有善政異績，或勸農桑獲美利，鞫刑獄雪冤枉，典物務能革大弊、省錢穀數多，準事大小遷官升任」；獎勵那些有「經國濟民」之才的官員，淘汰那些「非才、貪濁、老懦」的官吏；對各級官僚子弟靠「恩蔭」做官的特權，進一步限制。規定「自今臣僚毋得以奏薦恩澤及所授命，為親屬乞賜科名，及轉官升陟入通判以上差遣。其親屬當降官降差遣，亦毋得乞以恩澤牽復」。宋仁宗還接受富弼的建議，「選官置局」，把太祖、太宗、真宗三朝典故、法令編纂成書，作為模範，參照執行，希圖達到「頹綱稍振、敝法漸除」的目的，這就是所謂「慶曆新政」。

慶曆新政有利於改善宋朝的專制統治。但是，由於多少觸犯了官僚權貴的一些既得利益，遭到了他們強烈反對。這些人製造了范仲淹等人結成「朋黨」，陰謀廢掉宋仁宗的謠言，惡意中傷。新政實行僅一年多，范仲淹和富弼就被迫離開朝廷。已經宣布的改革法令，也被相繼取消了。

西元一〇六七年，宋神宗即位，這位剛滿二十歲的年輕皇帝銳氣十足，決心變法，想把「積貧積弱」的政治局面扭轉過來。他首先起用王安石為翰林學士，允許他「越次入對」，即可以直接向皇帝陳述政見。熙寧二年（西元一〇六九年），神宗任王安石為參知政事，並按王安石的建議創立了「制置三司條例司」這一主持變法的機構，由王安石負責，實行變法。熙寧三年（西元一〇七〇年）十二月，又任命王安石為同中書門下平章事（宰相）。神宗和王安石建立了非同尋常的君臣關係。王安石以天下為己任，協助神宗實行變法。變法的內容大體分為三大類。第一，財政經濟方面的改革，是這次變法的最主要內容。包括均輸法、青苗法、農田水利法、募役法、市易法、方田均稅法六個方面；第二，軍政方面的改革，包括保甲法、軍器監的設置、保馬法、將兵法等四方面；第三，教育方面的改革，包括科舉制度的改革和整頓學校兩方面。

神宗依靠王安石等變法派，在熙寧年間推行這些措施，在統治集團內引起了一場軒然大波，以司馬光為代表的勢力強大的保守派官僚認為「祖宗法制」不能變，堅決反對變法，使得新法的推行遇到重重阻力。王安石雖被迫罷相，但神宗繼續堅持變法立場，直至元豐八年（西元一〇八五年）病逝，前後進行了近二十年之久。

此外，神宗還對官僚制度進行改革。元豐三年（西元一〇八〇年）八月，神宗正式發布詔令，要仿效「成周以事建官，以爵制祿」的原則，「使臺、省、寺、監之官實典職事，領空名者一切罷去，而易之以階，因以制祿」。把以前用以「寓俸祿」的「官」，一律改為相應的「階」，按「階」的高低領取薪俸。神宗在元豐年間對官制所進行的這些改革，在歷史上被稱為「元豐改制」。神宗改革官制的詔令說：「國家受命百年，四海承德。豈茲官政，尚愧前聞」（指不合「成周以事建官，以爵制祿」的制度），改革官制後，「不惟朝廷可以循名考正萬事，且使卿大夫莅官居職，知所責任，而不失寵祿之實」。由此可見，宋神宗改革官制的目的，不僅意在進一步改革「祖宗」弊法，還在於循名責實，以便對職官考核，使官僚機器能適應變法的需要，以鞏固變法成果。

元豐八年（西元一〇八五年）三月，神宗病逝，其子哲宗繼位時還不滿十歲，由神宗之母高氏（宣仁太后）以太皇太后的身分垂簾聽政，執掌朝政大權。宣仁太后是宮廷反對新法的主要人物。她利用自己執掌的朝廷大權，立即調回司馬光、呂公著、文彥博等保守派元老回都城，讓他們「以復祖宗法度為先務」，提出施政建議。司馬光當時雖然重病在身，但他仗著宣仁太后的支援，竟然在一年多的時間內，把熙寧年間頒布的主要變法措施都廢除了。廢除熙寧新政是在哲宗元祐年間，因此後來稱之為「元祐更化」。

元符三年（西元一一〇〇年）正月，哲宗死，其弟徽宗繼位。為平息統治集團內部的矛盾鬥爭，徽宗曾採取對元祐的做法持否定態度，企圖兼用兩派人物，以「消釋朋黨」，調和矛盾，因此把年號也改成「建中靖國」。這時曾布又以變法派自居，同韓忠彥爭權奪利。徽宗鑒於兩派衝突無法調和，保守派又不得人心，也轉而打出了「上述父兄之志」的旗號，把年號改為「崇寧」，表示要繼續推行熙寧新政，並罷去韓忠彥，起用投機新法的蔡京，曾布在與蔡京的爭權中失敗，不久即被趕出朝廷。從此，徽宗與蔡京一夥，組成一個極端腐敗的統治集團，這個集團的黑暗統治達二十餘年之久。

宋徽宗和蔡京等一夥，標榜要「事事紹述熙豐（指熙寧、元豐）」，其實是以推行新政為大棒，打擊異己，並從根本上篡改熙寧年間的新法。徽宗一夥利用道教作為統治工具，自封為「教主道君皇帝」。同時立「道學」，設道官，置道階。徽宗和蔡京一夥寵臣終日裝神弄鬼，把朝政搞得烏煙瘴氣，這個統治集團不但政治上極端腐敗，生活上也腐朽不堪。徽宗平時好玩珍寶，「天下珍異悉歸禁中」，供其享受。為了搜羅更多的珍寶，從崇寧元年起，在蘇州、杭州等地設立「造作局」，搜括民間原材料，集中各種工匠數千人，專門製造各種名奇珍貴的工藝品。徽宗還大興土木，廣建宮殿園林，並公然發布詔旨，令群臣不得反對。這個統治集團的倒行逆施，使階級對立更加嚴重。從大觀二年（西元一一〇八年）起，河東、河北、京東、江西、廣東各路，都先後發生小規模的農民起義。宣和年間，農民革命鬥爭形成新高潮，爆發了東京的宋江起義及震撼東南的方臘起義。宋江、方臘起義雖然都失敗了，但卻嚴重地打擊了宋王朝的腐敗統治。

宣和七年（西元一一二五年），金兵南下，靖康二年（西元一一二七年）擄去徽、欽二帝，北宋亡。趙構在臨安建立了南宋新王朝。由於軍民的奮勇抗金，才保住了南宋半壁江山。

金統治者一心想滅亡南宋，對宋一貫採取攻勢。南宋統治者一向懼怕金兵，打擊主戰派，重用投降派，相繼與金人簽訂了「紹興和議」、「隆興和議」、「嘉定和議」。用屈辱投降來換取南宋王朝表面和平的局面。但是統治集團中始終未能形成一個穩定的核心，高宗在位三十六年，參知政事前後更換了四十八人，平均不到一年更換一次。孝宗看到秦檜獨相十八年的弊病，決心引以為戒，在位二十七年，任命宰相十五人，其中將近半數的人任期不滿一年，最短的僅三個月。孝宗朝參知政事也多達三十四人，任期不足一年的有十八人，最短的僅兩個月。宰相不但任期短，而且職權也受到限制，所以這時期的宰相和參知政事只求無過，不思建樹。除輔政大臣外，其他寺、監、丞、簿、郎、曹、卿等，也往往不到一年就換人。這樣不利於政治上的穩定，也不利於重大決策的貫徹執行。

但是，從宋寧宗到宋理宗時期，韓侂冑和史彌遠兩個權臣幾乎掌握朝廷全部大權，前後達四十年，宋代歷來削弱相權、增強皇權的情況更是為之大變。在這四十年裡，蒙古軍隊前後三次向南發起全面進攻。西元一二七六年元兵入臨安，延續一百五十年的南宋王朝實際上已經滅亡了。

宋代專制主義中央集權達到前所未有的程度，基本上消除了造成封建割據和威脅皇權的種種因素。為了防範文臣、武將、后妃、外戚、宗室、宦官等六種人的專權獨裁，宋朝廷制訂出一整套集中政權、兵權、財權、司法權等各種制度。所謂中央集權，是指把地方的權力集中到中央；專制主義則是把權力集中到皇帝手裡，君主主宰一切。秦漢時代，中央集權制就已經確立起來，但專制主義還未至登峰造極的程度。宰相權力的變化就是一個例子。漢代的宰相，權力相當大，所謂「一人之下，萬人之上」；但到了宋代以後，宰相的權力就越來越小了，權力越來越集中到皇帝手裡。可以說，專制主義中央集權的加強是從宋代逐漸發展的。

中樞官制是中央集權的軸心，從趙匡胤建立宋王朝開始，就對中央官制作了調整。其特點是用設官分職、分割各級長官事權的辦法來削弱其權力的。這樣，有些官只是空名，所謂「官」，其概念只是拿俸祿而已。這類官有兩種情況，第一，在宋太祖、太宗統一五代十國的過程中，留用了大批各國舊官員，使他們保持官位，領取俸祿，但不使掌握實權（只對其中認為可靠者安排一些實際職務）；第二，對於宗室、外戚、勳舊，也僅授予高官，優加俸祿，而不給實職。至真宗時，便把這些措施加以制度化。按照這個制度，一般官員都有「官」和「差遣」兩個頭銜，有的官還加有「職」的頭銜。「官」只是說明他可以領取俸祿，而職才有實際的權力。每個機關彼此互相牽制，「任非其官」的情形很普遍。例如左、右僕射、六部尚書、侍郎、大夫、郎中、員外郎、卿、少卿等，在成為官階的名稱後，就失去了原有的意義，不再擔任與官名相應的職務。

這些官名只用作定品秩、俸祿、章服和序遷的根據，因此稱為正官或本官，又稱階官或寄祿官。其中有文資、武階的區別。差遣是指官員擔任的實際職務，又稱「職事官」。差遣名稱中常帶有判、知、權、直、試、管勾、提舉、提點、簽書、監等字，如知縣、參知政事、知制誥、直祕閣、判祠部事、提點刑獄公事之類，也有一些差遣並不帶上這些字樣，如縣令、安撫使等。官階按年資升遷，即使不擔任差遣，也可依階領取俸祿，而差遣則根據朝廷的需要和官員的才能，進行調動和升降。所以真正決定其實權的不是官階，而是差遣。至於「職」，一般指三館（昭文館、史館、集賢院）和祕閣中的官職，如大學士、學士、待制等，是授予較高級文臣的清高銜頭，並非實有所掌。宋神宗元豐三年（西元一〇八〇年）官制改革後，撤銷館職，另設祕書省職事官，自祕書監丞、著作郎以下，都稱館職。其他文臣兼帶館職，武臣帶閣門宣贊舍人，則稱「貼職」。

官稱和實職的分離，使朝廷內外大批官員無所事事，三省、六部、二十四司名義上都有正式官員，但除非皇帝特命，不管本部的職事。《宋史．職官志一》說「故三省、六曹、二十四司，類以他官主判，雖有正官，非別敕不治本司事，事之所寄，十亡二三」；又說「僕射、尚書、丞、郎、員外、居其官，不知其職者，十常八九」。

這樣，各級官府層次重複，疊床架屋，機構空前龐大。但是，卻有利於皇帝直接控制用人大權，他可以隨時提拔官階較低而有才能者擔任要職，也可隨時撤換無能之輩。歷代的官制，宋朝大多保留下來。《宋史．職官志》云：「宋承唐制，抑又甚焉。三師、三公不常置，宰相不專任三省長官，尚書、門下並列於外，又別置中書禁中，是為政事堂，與樞密對掌大政。」

自趙匡胤建宋以後，三師、三公之制雖承唐制保留下來，但授與大臣者為數並不多，尤其是太師一官，只以趙普與文彥博兩人功高德厚方予特拜。但自蔡京擅政以後，拜三公者在宣和年間竟多達十八人。這十八人中，除了蔡京父子及童貫、王黼等寵臣外，其他多為宋徽宗的兒子（太子除外）任職。

翰林學士有幾個等級？

唐代有翰林學士、知制誥，為皇帝親信顧向之官，其地位很重要；到了宋代，又特定其資權，變成了一種清要而又顯貴的官員了。

宋代能入翰林學士院任職的，都是一些文學之士，當中資歷最老的稱翰林學士承旨，其下稱翰林學士、知制誥，承旨不常設，其他學士也無定員。學士院的職權是負責起草朝廷的制誥、赦敕、國書以及宮廷所用文書，還侍皇帝出巡、當顧問，實際是皇帝的祕書處和參謀官員。《通考．職官考八》云：「其為翰林學士者，職始顯貴，可以比肩臺長，舉武政路矣！」其他官員入院而未授學士，即稱「直院學士」；如果學士缺員，由其他官員暫行院中文書，則稱「學士院權直」或「翰林權直」。《宋史．職官志二》云：「凡他官入院，未除學士，謂之直院學士，他官暫行院中文書，謂之權直。自國初至元豐，官制行，百司事失其實，多所釐正，獨學士院承唐舊典，不改。」冠有翰林名號，而不屬於學士院，專門為皇帝講解儒經者，稱「翰林侍讀學士」或「翰林侍講學士」；官階較低者稱「崇政殿說書」。神宗後屢有變化，稱為經筵官，一般為他官的兼職。

北宋前期，翰林學士被委任他職者，如任知開封府、三司使之類，並不歸院供職，故必須帶知制誥職者，才真正掌管詔命。直接替皇帝起草麻制、批答及宮廷內所用之詞，稱為「內制」；若單稱知制誥，奉皇帝或宰相之命，分房起草官員升遷、磨勘、改換差遣等制詞，則稱為「外制」，總稱「兩制」。神宗元豐改制後，翰林學士雖不再另任他職，但仍帶知制誥；遇缺，則以侍中、給事中、中書舍人等兼直學士院。南宋時，有以尚書兼權翰林學士，而不帶知制誥的。

宋朝宰相甘苦談

宋代帝王選擇士大夫政治勢力作為合作對象的同時，又採用了宰輔集體領導的制度形式，以防範個人勢力的膨脹，避免因宰相權重而走向失控，這種集體領導制度，也是對唐人「政事堂」制度的承繼。然而，唐朝由於沒有解決好各種政治勢力相互平衡、對后妃和宦官勢力加以抑制等一系列問題，集體領導制已被破壞無遺，宋人是在唐人的經驗教訓基礎上加以完善，而宰輔集體領導團隊中，也包括樞密院政府長官。

1、集體領導制的重建

宋太祖從孤兒寡母手中奪得政權，內部存在著新舊政權交替、穩定政局的難題，外部又必須面對北漢、南唐、契丹等等強敵環伺的危難局面，百廢待興。在這多事危亡之秋，所採用的方法也是臨時性的應急措施。

首先，為了保持從周室合法獲取皇位的正統承繼形象，保留了周世宗時期的三位宰相范質、王溥、魏仁浦，卻將真正的中樞權力操縱在自己和個別心腹（如趙普）之手中。乾德二年（西元九六四年）正月，范、王、魏三相並罷，同月，趙普拜相。一直到開寶六年（西元九七三年）八月，太祖對趙普信任有加，中書只有趙普獨相，這段時間持續將近十年。顯然，在這一階段，宰輔集體領導制並未建立，這僅僅是從唐五代到宋代的一個制度過渡期。

宰輔集體領導制的形成，是以參知政事的設立為標誌的。乾德二年（西元九六四年）四月，太祖為趙普置副手，稱參知政事，「不宣制、不押班、不知印、不升政事堂」（《長編》卷五）；而趙普恩寵衰替後，集體領導制也相應地健全。開寶六年（西元九七三年）六月，太祖連下數詔，使參知政事獲得了與宰相共同議政、輪流執政的權力。趙普罷相後，既以薛居正、沈義倫為相，以盧多遜為參知政事。至此，宰輔集體領導制正式得以確立。

集體領導制大致貫徹兩條原則：第一，宰輔集體議事制。國家重大事務皆由中書宰輔或二府大臣集體議定，然後奏報批准；第二，宰相「分日知印」、輪流當筆。這就使得每位宰相在處理日常政務時，具有了同等的權力。有時，參知政事也參預到這個行列之中，如《長編》載中書省言「尚書省文字，自來左右僕射輪日當筆」，且「詔令左右丞權輪日主印當筆」。

為了保證集體領導制的順利貫徹實施，一般說來需要宰相之間政見的大致相同。任用二位矛盾對立者同時為宰相，顯然無法協調工作。慶曆七年（西元一〇四七年）二月，進陳執中為昭文相，三月，召夏竦為集賢相，越三日，即改命夏竦為樞密使，因為「諫官御史言：竦與執中在永興嘗議論不合，不可同為宰相。故改名焉」（《宋會要．職官》）。

2、宰輔人數

宋代宰相常設二員。北宋前期，大致設昭文相和集賢相，史館之職一般都是兼任。偶爾有設三相的時候，除宋初特殊情況外，太宗於開寶九年（西元九七六年）十月登基，以薛居正為昭文相、沈義倫為史館相、盧多遜為集賢相，薛居正去世後，又以趙普為昭文相代替，三相並設的局面一直延續到太平興國七年（西元九八二年）四月；仁宗至和二年（西元一〇五五年）六月，以文彥博為昭文相、李沆為史館相、富弼為集賢相。到神宗改制，以左右僕射為宰相，後又更名為太宰和少宰、左右丞相等，宰相人數就再也沒有超過二人。

參知政事的員數則在二到四人之間。宋初曾一段時間維持一相（趙普）三參（薛居正、沈義倫、劉熙古）的局面；薛居正、沈義倫、盧多遜並相期間，又不設參知政事（三相無參政）；文彥博、李沆、富弼並相期間，只有程戡一位參知政事（三相一參）；至道三年（西元九九七年）還出現一相（呂端）四參（溫仲舒、王化基、李至、李沆）的情況。神宗改制後，以門下侍郎、中書侍郎、尚書左丞、尚書右丞取代參知政事，實際上是設置二相四參。南宋恢復參知政事名稱後，員數又在一到三人之間搖擺。

宋代中書或三省宰輔的員數，最為常見的是二相二參。元祐二年（西元一〇八七年）七月，右僕射呂公著說：「今三省職事，與舊日中書一般，中書宰相、參政，本以四員為額。」（《長編》）如有增減，大約也保持在三到六人之間。

3、宰相的任期

宋代宰相的任期沒有年限，任期長的達二三十年，短的僅數月，如史彌遠居相位二十六年，杜衍則只有四個月。宋代多數宰相的任期都在一年以上、五年以下，任期兩、三年的最為常見。元祐年間，左僕射呂大防任期滿三年以後，便向太皇太后乞退，並說：「姚崇、宋璟作相亦不過三年，本朝呂夷簡雖三入，然每亦不過三年。」（《長編》）呂大防引用從唐到宋的實例，說明三年以內的任期是很正常的。

4、集體領導制中「和而不同」的原則

集體領導制，必須避免兩種不良傾向的出現，其一是二府宰輔朋比為奸、結黨營私；其二是二府大臣政見相背、爭吵不休，乃至勾心鬥角。孝宗曾經設想過宰輔之間理想的合作關係，他取孔子「君子和而不同，小人同而不和」之意說：「執政於宰相，固當和而不同。」（《宋史．周必大傳》）「和而不同」，也適用於宰相之間、參知政事之間、樞密院使副之間、中書與樞密院之間等等，即二府大臣之間都應該樹立起「和而不同」的原則。「和而不同」的前提一定是一心為公、為國，這是「和」的基礎，雙方能協調工作，關係和睦，又能夠各抒己見，不苟同附和，由皇帝居上調整、控制，這自然是最理想的宰輔之間的工作合作關係。

但「和而不同」的理想關係是很難實現的，兩宋時期，偶爾二府也曾出現類似理想景況。呂中論及獨相有「專權之私」，並相有「立黨之患」時，評價說：「以趙中令（普）權專任重，而能與新進之呂蒙正共事；以畢士安德尊望隆，而能與使氣之寇準共政，不惟無分朋植黨之風，抑且盡同寅和衷之義。」（《長編》卷四十七引《宋史全文》）便是較為典範的事例。最為典型的是慶曆年間朝廷用杜衍為宰相、范仲淹為參知政事、韓琦和富弼為樞密

副使，歐陽脩評價說「杜衍為人清審而謹守規矩，仲淹則恢廓自信而不疑，韓琦則純正而質直，富弼則明敏而果銳。四人為性，既各不同，雖皆歸於盡忠，而其所見各異，故於議事，多不相從。至如杜衍欲深罪滕宗諒，仲淹力爭而寬之；仲淹謂契丹必攻河東，請急修邊備，富弼料九事，力言契丹必不來；至如尹洙，亦號仲淹之黨，及爭水洛城事，韓琦則是尹洙而非劉滬，仲淹則是劉滬而非尹洙」（《長編》）。四人盡心為公，對朝政各有所見，卻又同心協力，共同主持了「慶曆新政」。但是仁宗卻不是如此認識問題，而將這些大臣認定為「朋黨」。杜衍為相僅一百二十天，范仲淹、韓琦和富弼在二府不到二年，皆一一被排斥出朝廷。又如，元祐年間范純仁為右僕射、王存為尚書左丞，二人志趣「多合」，遇事則各抒己見，「論者亦稱其不相苟比云」（《長編》）。

如上述這樣二府關係真正「和而不同」者，時間也是很短暫的。多數時間則有賴於皇帝的調節、二府大臣的矛盾制衡、權相的操縱等等方法，保持二府班子的協調合作關係。

5、宰輔之間的迴避制度

樹立了「和而不同」的集體合作原則，就必須防範一切可能危害到這個原則的人為因素。封建專制社會，在通常情況下，「裙帶風」盛行，一人得道，雞犬升天。宋代當然不能根絕官場「裙帶風」，統治者為了籠絡大臣，甚至特地擴大「恩蔭」數量和範圍，助長了「裙帶風」的流行。但是，宋代統治者堅持一條原則，即二府宰輔乃至高層官員之間必須實行迴避制度，防止高級領導層的「裙帶風」和結黨營私。努力做到既能夠籠絡大臣人心，又不危害到集體領導制的正常運行。

首先是二府大臣之間的迴避。交叉複雜的親戚關係並不一定在每次二府大臣的任命時都被注意到，或者二府大臣是在任職期間結為兒女親家的，身在嫌疑之地的大臣們往往自己出來說明，要求迴避。仁宗慶曆年間，樞密副使龐籍女嫁參知政事宋庠之子，「庠因言於上，以親嫌不可共事」（《長編》）。慶曆三年（西元一〇四三年）八月，以富弼為樞密副使，時晏殊為樞密使兼平章事，「晏殊以弼其女婿，引嫌求罷相，上不許；又求解樞密使，亦不許」（《長編》）。熙寧三年（西元一〇七〇年）八月，神宗問參知政事王安石「吳充可為兩府否」，王安石回答說：「充乃臣親家」，自覺要求迴避（《長編》）；次月，神宗仍欲用吳充為參知政事，王安石再次強調「充與臣有親嫌」，於是改任吳充為樞密副使（《長編》）。元祐五年（西元一〇九〇年）三月，朝廷任命韓忠彥同知樞密院事，韓忠彥的弟弟韓純彥之妻，就是知樞密院事孫固的女兒，兩人有間接的姻親關係，「各以親嫌乞罷，不許」（《長編》）。

這些關係一經說明，皇帝一般要對二府班子做合理調整，以維護迴避制度。然也有皇帝特別信任任職的二府大臣，而堅絕不允許他們迴避的，如上述的晏殊於富弼、韓忠彥與孫固。這種皇帝有意放寬尺度，不知不覺中已經為制度的破壞留下了隱患。

6、集體領導制的破壞

宋代的相權有一個逐漸膨脹的過程，當膨脹的相權集中到個人身上時，就意味著集體領導制的破壞。在體制正常運轉的情況下，朝廷一般需要防範獨相局面的出現，以免破壞集體領導制。元祐四年（西元一〇八九年）六月，右僕射范純仁出知穎昌府，中書只剩下呂大忠一位宰相，右諫議大夫范祖禹進言說「獨任一相……未免益勞聖慮，太平之期，未可望也……皇帝未親庶政，尤不可使宰相權重，宜防其漸」（《長編》）。

但是，在封建人治社會，宰輔集體領導制時常會因為種種人為的因素而遭受破壞。在兩宋時期，這種制度不斷地處於動盪搖擺之中，不時地滑向一相獨斷的局面。

首先，宋代沒有從制度上對一相獨斷做出限定，相反，制度是允許獨相格局之存在的。所以，宋代深受皇帝信賴的宰相或善於操縱皇帝的權相，往往在中樞獨攬大權，破壞集體領導制。北宋時期的一相獨斷，大多還是在皇帝的控制之下；而南宋時期，則時常演成權相弄柄的失控局面。

其次，宋代依然實行首相制度，以昭文相為首相，後來則是以左僕射、左丞相為首相。出任首相的大臣常常最受皇帝信任，形成了集體領導制之中的核心。有時，其他宰相須依照首相意志行事。再向前發展一步，集體領導制自然就遭到了破壞。

再次，權力對多數人來說都具有不可抗拒的誘惑力。在任宰相總是想透過多種方法，更多地獲得皇帝的信賴，從而更多地獲取權力，凌駕於其他宰相之上。皇帝也希望保持宰相之間的一定程度的矛盾，以便於操縱控制。這些方法包括「留身獨對」、密疏奏事等等。中書如果出現獨相的局面，十分容易導致集體領導制的破壞。

7、集體領導制下易出平庸之輩

集體領導制意味著集體負責制，在這種制度下，有才能、有個性的宰輔往往要受到保守集體的排斥而難以久其任，如范仲淹、王安石、史浩等等，而大量的不求有功、只求無過的平庸官僚，卻能尸居其位，碌碌度日。

北宋是集體領導制健全的時期，但宋代朝野輿論一般也都是認可平庸守規矩者，而對決心有所作為的宰輔嗤之以鼻。南宋史學家呂中說：「我朝善守格例者，無若李沆、王旦、王曾、呂夷簡、富弼、韓琦、司馬光、呂公著之為相；破格例者，無若王安石、章子厚、蔡京、王黼、秦檜之為相。考其成效，驗其用人，則破格例者誠不若用格例者為愈也。」（《宋大事記講義》）在這樣的社會思潮、慣性思維包圍之下，積極要求有所作為的宰輔也要被逐漸磨去稜角，或到處碰壁，折斷翅膀，甚至身敗名裂。所以，宋人趨於保守、平庸，與這種不負個人職責的集體領導制也有莫大的關係。

宋代相權的強化，在相當程度上皇帝也必須聽取宰輔集體的意見，應該說是中央集權更理性化運轉的一種標誌。最高統治者不能憑一己之喜怒哀樂隨意處置朝政或決定大臣的去留，乃至生死命運。在人治的社會裡，更多了一些法規的依據，當然是一種社會進步。

華麗變身的運河

梁、晉、漢、周、北宋都定都汴州，稱汴京。北宋歷時較長，為進一步密切京師與全國各地經濟、政治聯繫，修建了一批向四方輻射的運河，形成新的運河體系。它以汴河為骨幹，包括廣濟河、金水河、惠民河，合稱汴京四渠。並透過四渠，向南溝通了淮水、揚楚運河、長江、江南河等，向北溝通了濟水、黃河、衛河（其前身為永濟渠，但南端已東移至衛州境內）。

五代時，北方政局動盪，短短的五十三年中，歷經後梁、後唐、後晉、後漢、後周五個朝代，對農業生產影響很大；而南方政局比較穩定，農業生產持續發展。北宋時，政府對南糧的依賴程度進一步提高，汴河就是北宋南糧北運的最主要水道。汴京每年調入的糧食高達六百萬石左右，其中大部分是取道汴河的南糧，因此政府特別重視這條水道的維修和治理。例如淳化二年（西元九九一年）汴河決口，宋太宗強調說：「東京（宋以汴京為東京，洛陽為西京）養甲兵數十萬，居民百萬家，天下轉漕，仰給在此一渠水，朕安得不顧！」他率領百官，一起參與堵口工程。

不過，為了這條運道的暢通，北宋付出的代價也十分巨大。汴河以黃河水為水源，而河水多沙，自隋經唐到宋，經幾百年的沉積，河床已經高出地面，汴河極易潰堤成災。北宋政府深知汴水無情，治汴工程絲毫不敢放鬆。它組建了一支維修專業隊，負責平時汴河的維修和養護，汴河大汛，則立即出動禁軍防汛；大修時，則號召沿河百姓參加。為了鞏固堤防和利用汴水沖刷河中積沙，朝廷在汴河兩岸下了六百里的木柱排樁，將汴河束窄到可以沖沙的地步，開了後來「束水攻沙」的先河。

惠民河是經北宋初年多次修建的一條運河，分為上下兩段。上段以蔡河（已湮）支流潩水（澮河）為水源，開渠將它引向京師；下段自汴京南下，改造蔡河幹流而成。惠民河的重要性僅次於汴河，淮水流域的大部分稅糧，可從此河調入京師；廣濟河因河寬五丈左右，又稱五丈河，其前身是唐朝開的湛渠，下接白馬溝和濟水，可通齊魯之運，也可分泄汴河的洪水，北宋多次治理，在漕運中也占有重要地位；金水河是北宋初年新鑿的一條河道，它以鄭州、滎陽間的幾條小水，如京水、索水等為水源，鑿渠向東到汴京。它除了為廣濟河補充水源外（從汴渠上架槽透過），還為京師提供較為清澈的生活用水。

除汴京四渠外，為了改善漕運，北宋又分別在江淮和江漢間進行運河建設，其中揚楚運河是「汴渠之首」，它南接江南運河。這三條運河構成了北宋政府的主要糧道，即江南運河將主要產糧區太湖流域的稅糧運出，然後經揚楚運河、汴渠入京。江南運河的航道基本上良好，無須大修，但揚楚運河及其與汴渠之間的航道，都需要作較大的改進。原來汴渠與揚楚運河並不直接相通，由揚入汴，舟船還要走一段較長的淮河河道，而這段河道灘多水急，常常損壞漕舟。為了改變這種情況，北宋前期，先後三次施工，傍這段淮河的南岸，從楚州北面的末口，到盱眙東北的龜山鎮，鑿了長約一百五十里的運河，避開了這段險灘。揚楚運河的突出問題是水枯河淺，不便大船通航。水道西部的洪水威脅也很嚴重，經常沖斷航道。為了解決這些問題，宋在高郵湖北築了一條比較堅固的兩百里石堤，以保護航道，並在堤上設置十座石閘，有控制的排水；而在真州（治所在今江蘇儀徵縣）、揚州等地，利用當地自然湖泊，改造成為運河的水櫃，以接濟運河用水。

除太湖流域是北宋的主要產糧區外，四川和兩湖的農業生產，也占有一定地位。如何調運這些地區的稅糧入京，也是北宋統治者需要解決的問題。繞道揚、汴，路程太遠；從襄樊陸運，效果太差。經過醞釀，北宋統治者決定穿鑿第二條江淮運河。按照計畫，這條水道西起江陵，鑿渠向東，經潛江境與漢水會合。下一段是利用漢水及其支流白河兩條自然水道。白河與淮水支流澧水很近，如果在這兩水間再鑿一條運河，江船便可循淮水另一支流蔡河直達汴京城下了。這一工程只完成了一部分，即江陵—漢水之間的管道鑿通了，使江、漢之間的水運「大為利便」。但白、澧之間因為地勢稍高，經過兩次施工，只能做到通水，而不能通船，功虧一簣。如今人們掌握了建造高壩技術，可以將白河的水位提得很高，這裡便不再成為通水通航的障礙了。

文史好、數理更強的宋朝人

宋代是中國古代數學的巔峰時期，湧現許多傑出的數學家，出現了大批有份量的數學著作。宋朝商業的繁榮發展，對計算技術提出了改革要求，又促使中國產生了算碼。算碼產生後，在商業計算上就被普遍使用，後來在數學演算上也使用算碼，北宋初期已經出現有關簡捷演算法的專書。西元一〇八四年，北宋政府祕書省第一次印刷出版了《算經十書》，為宋朝數學發展創造了良好的條件。宋的代數充分發揮了絕對化的方法，把漢代方程式解法的組合變換式發展到更高的境界，不但解決了很多問題，也提出了多次方方程式、虛根等問題。

沈括創立了「隙積術」和「會圓術」，透過對堆積的酒罈和疊起的棋子之類有空隙的堆積體的研究，提出了求它們的總數的方法，這就是隙積術。隙積術其實際上是高階等差級數求和，他是中國第一個高階級等差級數；沈括還從計算田畝出發，考察了圓弓形中弧、弦和矢之間的關係，提出了由弦和矢的長度求弧長的近似公式，這就是會圓術。會圓術是一個幾何問題，把畢氏定理用於從弓行的弦、和矢求弧長。隙積術和會圓術是後世垛積術及弧矢割圓術之先河，為中國古代數學開闢了新的研究方向。

宋朝著名數學家賈憲在《黃帝九章演算法細草》中，提出開任意多次冪的「增乘開方法」，「增乘開方法」用於求解多次方程式，是在求得一位商後即以之乘多次未知數的係數加入新方程一次項係數。在作法上把商、常數項、新方程式一次項係數和多次未知數係數分別排列，再用上法對這個組合進行變換。楊輝在《九章演算法纂類》中載有賈憲「增乘開平方法」、「增乘開立方法」；在《詳解九章演算法》中載有北宋賈憲的「開方作法本源圖」、「增乘方法求廉草」和用增乘開方法開四次方的例子。「開方作法本源圖」即二項式定理係數表，從此解代數方程式不只是開平方、開立方，而是上升到開四次以上的方程式。賈憲的二項式定理係數表，與十七世紀歐洲的「巴斯卡三角形」是類似的。

南宋傑出的數學家秦九韶，西元一二四七年在《數書九章》中將「增乘開方法」加以推廣，論述了多次方程式的數值解法，並且例舉二十多個取材於實踐的多次方程式的解法，秦九韶還對一次同餘式定理進行研究，並推廣了孫子定理，他的「大衍求一術」將孫子定理的方法從較小的數和較少的同餘式個數推廣到一般解法。秦九韶還得出了與希臘海倫公式等價的從三角形三邊求面積的公式。

劉益的「益積術」、「減從術」也是對係數組合進行變換的技術；數學家李冶西元一二四八年發表《測圓海鏡》，是首部系統論述「天元術」（一元多次方程式）的著作，在數學史上具有里程碑意義；數學家楊輝西元一二六一年在《詳解九章演算法》中，用「垛積術」求出幾類高階等差級數之和，提出了幾種高階級數的求法，西元一二七四年還在《乘除通變本末》中還敘述了「九歸捷法」，介紹了籌算乘除的各種運算法。此外，楊輝還發展了九宮圖，他作了圓、直線交叉的組合，且在數學組合上指出4×4數學方陣上交換對角結果，可惜他沒有進一步發展。

數學在宋代已經開始得到重視，無論是金還是元的數學都是宋數學的延續。數學的研究成果在宋朝已開始有應用的環境了，沈括說「算術不患多學，見簡即用，見繁即變，不膠一法，乃為通術也」；數學家秦九韶認為數學的研究成果「可以經世務，悉萬物」，「竊嘗設為問答以擬於用的」；數學家李冶公開批判輕視科學實踐活動，將數學貶為「賤技」、「玩物」等長期存在的士風謬論，說「術雖居六藝之末，而施人之事，則要實惠得多」，中國的數學在宋代領先西方幾個世紀。

遺憾的是，宋以後中國的數學開始衰落，雖然在元朝中國古代數學還有持續的零星發展，但中國數學整體已沒有繼續、發展運用的大環境了。如今的宋朝數學成就只有依稀從有幸流傳下來書籍的隻言片語中窺其一二，所以明代數學著作《算法統宗》記載的線性方程式求解不能自圓其說，因為這只是記下了宋代科學家對其的一個結論，至於過程已經沒有了。中國宋代是數學是世界的奇蹟，但也是科學的一個悲劇……

覬覦一官，老死不止——想當官想瘋的宋朝學子

宋代科舉，和唐一樣有常科、制科和武舉，但考試的科目、內容和方法則作了多次的變化，有關考試的規定也日益嚴密。

北宋初年，常科的科目較多，據《宋史．選舉志》載：

「初，禮部貢舉，設進士，《九經》、《五經》、《開元禮》、《三史》、《三禮》、《三傳》、學

究、明經、明法等科，皆秋取解，冬集禮部，春考試。合格及第者，列名放榜於尚書省。」

這些科目，除進士科外，其他科目總稱諸科。那時各州縣都沒有學校，僅京城開封設有國子監。在國子監學習的都是官僚子弟，人數不多，有些人只是掛名而已。所以考生的來源主要靠州縣貢舉，每年秋天，各州舉行考試，將合格的學生解送禮部，稱為「取解試」。第二年春天，禮部考試，稱為「禮部試」，又稱「省試」。省試的內容基本上與唐代一樣，進士重詩賦，諸科重帖經、墨義。

慶曆四年（西元一〇四〇年），宋仁宗根據范仲淹、宋祁等人的建議，令各州縣設立學校，並規定在校學習滿三百天的人，才能參加取解試。前科曾解送而落第者，在校學習可減為一百天。省試分試策、試論、試詩賦三場，以三場的全部成績作為錄取的根據，不考帖經、墨義。但由於這些規定觸犯了貴族官僚的利益，遭到他們的強烈反對，仁宗只好下詔廢除入學年限，恢復了舊有的考試制度。

宋神宗熙寧年間（西元一〇六八年～一〇七七年），王安石任參知政事，實行變法，對科舉制度也進行了重大的改革，廢除考詩賦、帖經、墨義。每個考生在《易》、《詩》、《書》、《周禮》、《禮記》中任選一經，兼治《論語》、《孟子》，每試四場，考試方式是試策、試論、及經文大義。這樣的考試，每個考生必須通曉經義，又有文采，才算合格，不像原來的墨義那樣，只要粗淺了解經義就可應付。

為了進一步透過學校培養和選拔人才，王安石又著手整頓太學。將太學生分為三等：外舍、內舍和上舍。以考試的成績和平時的表現作為升舍、應試和授官的根據。這種制度稱為「三舍法」。

西元一〇八五年，神宗病死，哲宗繼立。在高太后的支持下，司馬光入朝執政，他一上臺就陸續廢除各種新法。元祐四年（西元一〇八九年），將進士分為經義和詩賦兩科，罷試律義。詩賦進士，必須在《易》、《詩》、《書》、《周禮》、《禮記》、《春秋左傳》中任選一經；經義進士必須選習二經。兩種進士都是以四場成績定高低。經義進士以經義定取捨，詩賦進士以詩賦為去留，名次則參考試論成績評定。哲宗親政以後，對司馬光的作法全部否定，紹聖元年（西元一〇九四年）進士罷詩賦，專習經義。

宋徽宗崇寧三年（西元一一〇四年），又將王安石的「三舍法」推廣到全國，並詔令天下，以後科場取士，全由學校升貢，廢除州郡發解及禮部試等辦法。按照當時的規定，官僚子弟可以免費入學，而普通百姓則要經過多次考試合格才能入學，才能升舍、授官。時人指責這種取士方法是「利貴不利賤，利少不利老，利富不利貧」。因為反對的人很多，宣和三年（西元一一二一年）不得不宣布罷「三舍法」，令開封府及諸路均以科舉取士。高宗南渡以後，沿襲不改，惟於建炎二年（西元一一二八年）恢復司馬光時的詩賦和經義兩科進士，至宋末不革。

宋初科舉，僅有兩級考試，一級是各州舉行的取解試，一級是禮部舉行的省試。取解試由各州的判官及錄事參軍主持，省試則由皇帝選派的官員主持。據葉夢得的《石林燕語》卷八和《長編》卷十四記載：開寶六年（西元九三七年），翰林學士李昉知貢舉，錄取進士、諸科及第者三十八人。召對時，進士武濟川、劉睿，「材質最陋，對問失次」，太祖把他們黜落了，因為武濟川是李昉的同鄉，引起了太祖的懷疑。又因下第進士徐士廉擊登門鼓，控告李昉「用情取捨」，並建議舉行殿試。太祖即下詔，令已被錄取的和從考試終場而未被錄取的考生中選出一百九十五人，在講武殿出題重試，太祖親自主持。複試結果，中進士二十六人，諸科一百零一人，皆賜及第。原來李昉錄取的人中，卻有十人落選。為此，李昉受到了降職為太常卿的處分。從此，殿試成為科舉制度的最高一級考試。開寶八年（西元九七五年），宋太祖再次舉行殿試，這一年省試第一名是王式，殿試時王嗣宗成了第一名，而王式則落到第四名。從此開始，省試與殿試分為兩榜，並有省元與狀元之別。宋太祖舉行殿試的目的，是為了革除「科名多為士家所取」的弊病。

宋代科舉，最初是每年舉行一次，太平興國三年（西元九七八年）冬，各州考生都已集中禮部，因為太宗要親征北漢，第二年春天的省試只好停止。此後，每隔一年或二年舉行一次。英宗治平三年（西元一〇六六年），朝廷因每年一次應接不暇，又舉子年年跋涉，十分勞苦，才定為三年一次，以後成為定制。至於錄取名額，太祖時，士大夫還不熱衷於出仕為宦，朝廷取士也比較嚴格，每次錄取進士少則幾人，多則兩百多人，平均每次錄取近四十八人；宋太宗時，因州縣缺官，大規模錄用士人，參加省試的舉人往往多達一、二萬人，每次平均錄取進士兩百三十，以後錄取人數不斷增加。據《通考．選舉考》記載，宋真宗咸平三年（西元一〇〇〇年），錄取進士四百零九人，諸科一千一百二十九人，總人數達一千六百三十八人，比太宗太平興國二年錄取人數多兩倍以上。由於宋代科舉，一經錄取立即授官，錄取人數太多，必然出現「官吏猥眾」的局面。所以，仁宗時規定「禮部奏名，以四百名為限」。但是這個規定後來逐次突破，至徽宗時期，每次平均多達六百八十多人。

宋代科舉登第者大部分出身於鄉戶，即一般地主和殷富農民，一部分為工、商子弟。北宋蘇轍在〈上皇帝書〉中說：「今世之取人，誦文書、習程課，未有不可為吏者也。其求之不難，而得之甚樂，是以群起而趨之。凡今農工商賈之家，未有不捨其舊而為士者也。」雖然宋代封建法律一般禁止工商本人應舉做官，但對其中的「奇才異行者」，也允許參加科舉考試，這與西漢規定「市井子孫不得仕宦為官」不同。王辟之的《澠水談燕錄》卷三載，北宋時，曹州商人于令儀的子侄多人考中進士；又洪邁的《夷堅丁志》卷六載，南宋時，建安人葉德孚買田販茶，後獲得「鄉薦」（即取得參加省試的資格），娶宗室女，授將仕郎；饒州鄱陽士人黃安道，應舉累試不中，改營商業，成為「賈客」，後又預鄉薦，參加禮部試，終於登第；另外，宋高宗紹興十八年（西元一一四八年）《題名錄》載，這年中榜的三百三十三名進士的姓名、籍貫，其中城市出身者，不到三十人，宗室二十五人。宋理宗寶祐四年（西元一二五六年）《登科錄》也記載了這年中榜的六百零一名進士的詳細情況。據統計，這些進士中，除少數情況不明和宗室以外，大多數出身於鄉戶，其中縣坊出身者不到二十人，祖或父有一代做官者有一百一十三人，祖、父兩代做官者有二十三人，曾祖、祖、父三代都做官者八人，這三部分進士合計一百四十四人。此外，還有宗室七十三人，在這些人中，祖、父兩代不曾做官的三十三人，祖或父有一代做官的有二十三人，祖和父兩代做官的三人，曾祖、祖、父三代都做官的十四人。這就是說，六百零一名進士中，平民家庭出身的有四百一十七人，官僚家庭出身的有一百八十四人。這一情況顯示，在科舉登第者中，世代做官的子弟居於少數，大多數進士來自平民家庭。造成這一情況的主要原因，是中、高級官員子弟可以透過恩蔭得官，無須寒窗苦讀，與士庶競爭高低。只有少數官僚子弟以科舉登第為榮，在恩蔭補官後又參加科舉考試。當然也有個別子弟拒絕恩蔭所授官職，而直接應舉。

宋代科舉考試，實行試卷糊名彌封和謄錄法，有效地防止考官在評選時作弊。唐代科舉考因試卷前寫有舉人姓名、籍貫等項，世家豪族仍可靠其特權，在放榜前知其是否錄取，考官也可從中拉攏親信。武則天時，因吏部選舉多有不實，便命令應試舉人自己將試卷上的名字糊起來，暗考以定等第，但是此後並未形成一種制度，考官仍然「兼採時望，不專詞章」。

北宋初年，仍沿襲唐代這種風氣，同時考生「投卷」也很盛行。主考官將去貢院的時候，達官貴人可以向他推薦人才，稱為「公薦」。考生錄取後，要向主考官謝恩，稱主考官為「師門」、「恩門」，而自稱「門生」。而為了防止權貴干擾，考官徇私，師生結黨，趙匡胤和他的繼承人採取了許多有力的措施，據《宋會要輯稿．選舉三》記載，建隆三年（西元九二六年）九月規定：「今後及第舉人，不得輒拜知舉官子孫弟侄」，「兼不得呼春官（這裡指知貢舉官）為恩門、師門，亦不得自稱門生。」李燾《續資治通鑑長編》卷四也載，乾德元年（西元九六三年）九月規定：「禮部貢舉人，自今朝廷不得更發公薦，違者重置其罪。」《通考．選舉考三》載：宋太宗淳化三年（西元九九二年），蘇易簡知貢舉，「既受詔，徑赴貢院，以避請求」，以後便建立了鎖院制度。同年殿試，禮部奏名合格進士，採納將作監丞陳靖的建議，初次實行「糊名考校」法。即在舉人考前先糊其試卷上的姓名，籍貫等項，在決定錄取卷後，再拆彌封，查對姓名、籍貫，藉以杜絕考官「容私之弊」。咸平二年（西元九九九年），禮部試時，選派官員專司封印卷首。明道二年（西元一〇三三年）七月，仁宗「詔諸州，自今考試舉人，並封彌卷首」。從此，糊名考校就不僅施行於殿試、省試，也施行於諸州取解試了。但在實行彌封制不久，又發現考官指使舉人在試卷上暗作記號，有時考官還可以辨認字畫。後來，根據袁州人李夷賓的建議，將考生的試卷另行謄錄，大中祥符八年（西元一〇一五年）專設謄錄院，派書吏將試卷抄成副本，考官評卷時只看副本。試卷彌封、謄寫法的實行，應舉者考試成績的優劣「一決於文字」，這樣總算有了一個比較客觀的標準。

從此，貴族官僚子弟和平民子弟同等對待，貴族、官僚利用科舉世襲的特權被取消了。事實證明，彌封、謄錄法是中國封建社會中行之有效的考試方法之一；但到了北宋後期，特別是南渡以後，由於宋王朝的腐朽，科場舞弊層出不窮，糊名、謄錄也就流於形式了。

宋真宗時，監察御史張士遜任考場巡捕官，因有親戚應試，向主考官提出辭職，以避嫌疑。真宗立即下詔：自今舉人與試官有親嫌者，移試別頭。即另設考場、另派考官。這種做法唐代已有，但只限於省試，也不是定制。宋代別試成為一種制度，範圍也擴大了，州試省試都相繼實行。

宋代的知貢舉（主考官）不是固定的，而是採取臨時差遣，年年不同，不常任。唐代一般固定以吏部考功郎中、員外郎或禮部侍郎為主考官，而宋代任何官員都可以充任，並另增派權知貢舉（副職）若干人，互相監督。

宋代的制科遠不如唐代之盛。太祖乾德二年（西元九六四年）設賢良方正、能直言極諫等科，真宗景德二年（西元一〇〇五年）增為六科，仁宗天聖七年（西元一〇二九年）又增為九科。但是由於種種原因，制科曾多次停罷，有時雖然舉行，但應詔者極少。在宋王朝統治的三百二十一年中，制科御試僅有二十二次，被錄取的不過四十一人而已。至於書判拔萃、詞學兼茂、博學宏詞等科，完全是為了選拔草擬朝廷日用文字，諸如詔誥、章表、赦敕、檄書之類的人才，無論是考試內容或考試方法，和制科都不一樣。

宋朝統治者對於那些多次應試而不第的舉人實行「特奏名」法，特賜各科「出身」。唐末王仙芝起義時，進士「不得志者」如敬翔、李振等人，加入了起義軍。為了防範失意士人心生異志，宋代統治者「廣開科舉之門，俾人人皆有覬覦之心，不忍自棄於盜賊奸宄」。所以宋太祖開寶三年（西元九六九年）三月規定，凡舉人參加過十五次以上考試終場者，特賜本科「出身」。從此，士大夫潦倒不第者都「覬覦一官，老死不止」，這是「特奏名」法之始。宋真宗景德二年（西元一〇〇五年）三月，又賜特奏名五次以上應試者本科等「出身」，年老者授將作監主簿。由於特奏名的數量日益增加，「英雄豪傑皆汨沒消靡其中而不自覺」，所以，「亂不起於中國，而起於夷狄」。這是宋代統治者為防範士大夫捲入農民起義而採取的措施之一。

宋代的武科，始於仁宗天聖八年（西元一〇三〇年），仁宗親試武舉十二人，據《宋史．選舉志》記載，先試騎射，然後試策，「以策為去留，弓馬為高下」，可是不久就停止了。後來，雖然也曾設立武學和恢復武舉，以馬射、步射、武藝、策略作為教學和考試的內容，但是並不為人重視。直至孝宗乾道五年（西元一一六九年），武舉殿試之後，才和文舉一樣賜給黃牒。這科共選三十三人，第一名賜武舉及第，其餘並賜武舉出身。但是，此後的武舉並沒有選拔出什麼人才，只是為一些人提供進身之階，於國家毫無意義。

除了透過科舉考試選拔官員外，宋代仕途中還有幾種與前代不甚相同的制度，必須特加說明。

第一，蔭補：宋代以恩澤而得官的不止於直系子孫，而且可以推到旁支、異姓，甚至於門客。得蔭補的機會有大禮蔭補、致仕蔭補、遺表蔭補等。所以一遇郊祀之年，就有許多人湧入官序之中，增加了官僚機構的壅滯之弊。

第二，磨勘：所有在官場任職的人，經過一定時期，都可以申請敘遷。經查明其資歷與敘遷的規定相符，不需視其在職務上有何特殊表現，都可以逐漸上升。名為磨勘，實際只是例行公事，不過是防止偽造文件和日期而已。

第三，請郡：宋代高級朝臣，可自己申請到願意去的地方任知州，藉以休養。這與唐代出任刺史多帶左遷意義不同。

第四，祠祿：宋代的所謂祠祿是以道教宮觀為名安置官員，給予一定待遇，以示優禮。最高級的稱為某某宮使，專以安置罷退之大臣；次級為提舉某處某宮某觀；最低一級為監獄廟。這些官員都無實際職事。這種位置若不是自己主動陳請而得，就有包含貶降的意味，與唐代之分司官帶有投閒置散意思略同。

第五，宋代初期，寄祿官與職事官極為混亂，最奇特者，選人初授之官皆以幕職令錄為名，而所任之職都與此毫不相干。例如有以京四路某縣令為階官，而實任河北路轉運司勾當公事；有以陝西路節度判官為階官，而實任河東路某州州學教授。至宋神宗以後，才另定官階之名，不與職事官相混。文階官自開府儀同三司至承務郎，每四年一轉，無出身者為資轉，有出身者可超資轉，至奉議郎則仍逐資轉。轉至高級，即不按資而由特旨除授。武階官略同，醫官內侍官之階官另有規定。因此，宋人官銜中之「某某郎」、「某某大夫」，就是表明某資歷等級，而且凡是科目出身的人加「左」字，無出身的人加「右」字。

第六，宋代官員的寄祿官名稱前大都加上「權」、「行」、「守」、「試」等字，以表示職事官與寄祿官的關係。凡除授職事官，都依寄祿官階的高低，在寄祿官前加這些字。其中侍郎、尚書初次任職，必定擔任「權」官，也就是說，有一定的試用期，然後升為真官，再正式冠以「試」、「守」或「行」字。神宗官制改革，規定分行、試、守三等：凡官員的寄祿官高於職事官一品的，帶行字；寄祿官低於職事官一品的，帶守字；寄祿官低於職事官二品以上者帶試字。職事官相同而寄祿官前行、守、試字不同的官員之間，職錢也有一些差別，如御史大夫和六曹尚書，「行」字者每月職錢六十貫，「守」字者五十五貫，「試」字者五十貫。職事官與寄祿官相當的官員，則不稱行、守、試，其職錢按「行」者發給。

第七，在宋代的官員中，有一部分附加性官銜失去了實際意義，幾乎變成了單純的虛銜，但仍保留其爵和食封、食實封。爵增為十二級，即王、嗣王、郡王、國公、郡公、開國公、開國郡公、開國縣公、開國侯、開國伯、開國子、開國男。凡是封爵都有食邑。食邑從一萬戶到二百戶共分十四等。食邑仍是虛數，食實封才有收益。食實封從一千戶到一百戶共分七等。實封數約為虛封數的十分之四。食邑還不限於封爵，凡是宰相、親王、樞密使、三司使、殿閣學士以至侍郎、卿監等文武大臣，或位臻將相，都賜食邑。食邑增加到一定數量，則可循資封公封侯。食實封者，按實封一戶，每日計錢二十五文，隨官俸向官府領取。這些封爵食邑、食實封等都沒有子孫世襲的規定。

十一、元朝

元朝由蒙古族統治者忽必烈（即元世祖）於西元一二七一年所建，一二七九年滅南宋，定都於大都（現北京市），並於一三六八年滅亡於明朝。

「宣政院」是做什麼的？

在蒙古前期，中央存在著兩套行政制度，一套是建立在「部落野處，非有城郭之制」的游牧經濟和「國俗淳厚，非有庶事之繁」階級社會基礎之上的蒙古制度；另一套則是適應於被征服地區的社會經濟和政治狀況的漢官制度。

蒙古制度最早設置的政務官是「劄魯忽赤」，即斷事官，所謂「國初未有官制，首置斷事官曰劄魯忽赤，會決庶務」。其主要職責是執行法律，掌管刑獄。因早期官制沒有明確的分工，斷事官權力較大，得以專殺，並兼管其他事務；其次是怯薛（猶言番直宿衛）組織，主要負責大汗殿帳護衛，是大汗的侍衛親軍，還有一些怯薛人員負責管理營帳內的各種事務，稱為執事人或執事官，「分冠服、弓矢、食飲、文史、車馬、廬帳、醫藥、卜祝之事，悉世守之」，並且「奉旨署事，別無頒受宣命」，作為大汗手下的侍從而奉命管理政務，到一定時候即轉化為政務官。

漢官制度是從太宗三年（西元一二三一年）「幸雲中，始立中書省，改侍從官名，以耶律楚材為中書令，粘合重山為左丞相，鎮海為右丞相」時開始的。耶律楚材原為怯薛執事官中的必闍赤（書寫的人）。至此，怯薛執事官中開始分化出獨立的政務機構，並且逐漸得到完善。

忽必烈（西元一二六〇～一二九四年在位）即位以後，居於北方的各大汗國日益脫離蒙古大汗的控制，忽必烈的實際統治主要只限於蒙古本上和中原地區，這樣便加強了漢族文明對當時政治的影響，並促使蒙古人進一步接受漢族成熟的封建制度。於是，忽必烈「遂命劉秉忠、許衡酌古今之宜，定內外之官。其總政務者曰中書省，秉兵柄者曰樞密院，司黜涉者曰御史臺。體統既立，其次在內者，則有寺、有監、有衛、有府；在外者，則有行省，有行臺，有宣慰司，有廉訪司。其牧民者，則曰路、曰府、曰州、曰縣。官有常職，位有常員，其長財蒙古人為之，而漢人、南人貳焉」。這就是「中統官制」（西元一二六〇～一二六四年），也是有元一代的基本定制。

從全國政務的角度來看，元代中央行政主要分為四個系統，即管理政務的中書省，管理軍事的樞密院，管理監察的御史臺，管理宗教和吐善事務的宣政院。這四個系統互不統屬，依照自己所管轄的事物的範圍，「得自選官」，直接對皇帝負責。

中書省是政務的主體，它既承漢代以來宰相「佐天子，理萬機」的職權，又有「典領百官，會決庶務」的責任，「凡軍國重事，無不由之」，是皇帝以下的最高政務機構。其首席長官中書令不常設，一般由皇太子兼領，而由其次席長官左右丞相來總領省事。其下設平章政事四人，「掌機務，貳丞相，凡軍國重事，無不由之」，左右丞，「副宰相裁成庶務，號左右轄」；參政兩人，「副宰相以參大政，而其職亞於左右丞」；參議中書省事四人，「典左右司文牘，為六曹之管轄，軍國重事咸預決焉」。左右司分管九房四十八科，料理省中各項文牘工作。省轄吏、戶、禮、兵、刑、工六部，分管各種政務。凡與政務有關的寺、監、衛、府事務也無不經由中書省調度。元代曾三次設立尚書省，與中書省分理朝政，但時間長者四年多，短者只有數月。又併入中書省，所以終元之世基本實行的是一省制。

樞密院是全國最高軍事機關，「掌天下兵甲機密之務。凡官禁宿衛，邊庭軍翼，征討成卒，簡閱差遣，舉功轉官，節制調度，無不由之」。樞密院設知院、同知、副樞、僉院、同僉、院判、參議等官，分管院內外的軍政事務。在中央凡與軍政事務有關的寺、院、衛、府，都要接受樞密院的調度安排。

御史臺是全國最高監察機關，「掌糾察百官善惡、政治得失」。總臺設大夫、中丞、侍御史、治書侍御史各二人，分管總臺和所屬各部門的監察事務。御史臺中央直屬機構有殿中司，主管監察在京的文武百官；察院，「司耳目之寄，任刺舉之事」。地方的直屬機構是諸道行御史臺（其建置如中央御史臺）和諸道肅政廉訪司（元最後定制為二十二道）。從中央到地方的監察官員都由御史臺自選，奏請皇帝批准，這在歷史上是絕無僅有的，說明了元代對監察工作的重視和加強。

宣政院是全國最高宗教事務和民族事務管理機關，「掌釋教僧徒及吐蕃之境而隸治之」。實際上所有的宗教和民族事務均歸其所轄「其用人則自為選，其為選則軍民通攝，僧俗並用」。元代是比較崇信宗教的，由皇帝直接任命的帝師，是佛教最高領袖的象徵，「正衙朝會，百官班列，而帝師亦或專席於座隅」。終元之世任命帝師十二人，最小的年齡只有十二歲。元代不僅重視喇嘛教，對於道教、基督教、回教等也比較重視，各設有專門的管理機構，如崇福司及一些負責寺廟營繕的司和總管府，這些機構都要服從宣政院的指揮調度，從宗教信仰來劃分統治支系，這是元朝政治的一大特點。

忽必烈曾經說過，中書省是我的左手，樞密院是我的右手，御史臺則是我用來醫治左右手的。三個系統再加上宗教思想上的控制，使皇帝能從多方面掌握各種政治情況，進而加強了皇權。用不同的方法和方法對幅員遼闊、民族眾多的大帝國實行統治，在某種程度上反映了元代對古今中外政治的兼收並蓄，並且有所發展。

便下襄陽下臨安，南宋滅亡全紀錄

北方政局穩定後，忽必烈決定採用南宋降將劉整建議，集中力量攻取南宋漢水中游南北岸兩大軍事重鎮襄陽（今湖北襄樊市漢水南市區）、樊城（襄樊市漢水北市區）。從一二六八年（至元五年）起，經過六年的圍攻，終於在一二七三年正月破樊城，二月襄陽守帥呂文煥出降，撤除了南宋長江中游的屏障。

西元一二七四年六月，忽必烈命伯顏為統帥，分兩路大軍南進。左軍由合答統率，以劉整為前鋒，由淮西出師。右軍由伯顏和阿朮統領，九月，自襄陽出發，沿漢水入長江。同時，命董文炳自淮西正陽南逼安慶，以為呼應。十二月，元水師入長江，克宋江防要塞陽羅堡。漢陽、鄂州統帥夏貴逃走，漢陽、鄂州宋軍降。伯顏留阿里海牙經略荊湖，自領水陸大軍順流而東，以呂文煥為前鋒。宋沿江諸帥多為呂氏舊部，皆不戰而降。西元一二七五年二月，賈似道被迫督諸路精兵，抵拒元軍。這時，他仍企圖奉幣稱臣議和，被伯顏拒絕，只好在池州下游丁家洲勉強與元軍會戰。宋軍因內部不和，一觸即潰。同年秋，伯顏從建康（今江蘇南京）分兵三道趨宋都臨安（今浙江杭州）。伯顏和阿塔海由中道節制諸軍，水陸並進。

西元一二七六年（至元十三年）正月，元軍會集臨安城北，二月，宋幼帝趙昰上表降元，宋亡。西元一二七九年，元軍全部占領四川，又迫滅南宋衛王於崖山（今廣東新會縣南海島），完成了全國的統一。元朝的統一，結束了自唐末藩鎮割據以來國內南北對峙的分裂和戰亂局面，促進了多民族統一國家的鞏固和發展。

元政府的戰後大紓困

忽必烈時代，蒙古統治集團越來越清楚地意識到：「夫爭國家者，取其土地人民而已。」戰爭破壞因而日益減少。「保守新附城壁，使百姓安業力農」的方針獲得部分實施。在中原漢地，元政府也採取一些相應措施來扭轉長期戰亂所造成的殘破局面。元朝社會經濟由戰時的衰敝狀態漸臻恢復乃至一定程度的發展，這種恢復乃至發展，在全國各地區呈現出頗為明顯的不平衡性。

黃河中下游流域自金末以來迭經殘破，中統、至元之初，山東又「中更叛亂」，因而「多曠土」。至元中，立司農司，分道設勸農使，負責在各地促進墾殖。這個地區的農業生產獲得了較好的恢復和一定的發展。「民間墾闢種藝之業，增前數倍」。

長江中下游流域的襄、郢、東西淮之地，是宋元長期對抗作戰的地區，戰爭破壞相當嚴重，土曠民寡。元政府以免稅優惠吸引鼓勵百姓到那裡耕植，同時在兩淮地區經營屯田。時人稱「屯田之利，無過兩淮」。這一地區農業經濟的恢復，從此後二十餘年之間地價的迅速上漲也可以看得相當清楚。不過，在忽必烈時期，這裡的生產，顯然還沒有恢復到黃河流域那樣的水準。宋元之間長期爭奪的又一地區四川，入元版圖時，土著之姓十亡七八，戶口凋零，生意蕭條。直到元中葉，仍「遺墟敗棘，郡縣降廢幾半」。其經濟的恢復，與兩淮、襄漢地區相比更為緩慢。

元朝對於江南的征服，不可能不伴隨殺戮與破壞。阿里海牙經略兩湖，留下不少殘酷殺戮的紀錄；伯顏大軍在長江下游，也一度由於「利財剽殺，是致降城四壁之外，縣邑丘虛，曠土無民」；江西閩浙一帶，亦因元軍「左翦左攘，數年未平」，迭經戰爭殘破。但是整體說來，元軍在滅宋過程中的破壞行動，還是受到相當程度的節制。尤其是臨安降附以後，南宋朝廷下詔，亟謂「根本已拔」，「民何辜焉」，指示各地「詔書到日，其各歸附，庶幾生民免遭荼毒」，於是諸多未下州郡的守令得以心安理得地望風出降。因此，在農業生產的基礎原來就比較好的南方各地，當時的社會經濟基本上被維持在南宋原有水準上下，而沒有受到太大的損害。忽必烈時期，在江南推廣棉花種植，收效甚大。所以就某些方面而言，元朝前期社會經濟與南宋時期相比，也有一些進步和發展。

相對而言，邊疆地區的社會經濟，在元代前期表現出長足的進步，雲南的農業、水利和蠶桑，這一時期都有很大的發展；南詔以來流行於該地的「儒釋文化」逐漸向內地的封建漢文化靠攏。

漢北地區的富實繁榮，也遠較其他時代為甚。當然這種富實，很大程度上是依靠漢南支援的結果。誠如虞集所說，「朝廷歲出金繒、布幣、餱糧以實之。轉輸之事，月日相繼，猶以為未足。又捐數倍之利，募民入粟其中，亦不可勝計。由是遂為殷富」。

漢人地頭蛇很重要

對漢族地主軍閥助籠絡　元朝統治者制定民族歧視和民族壓迫的政策，目的是為了鞏固蒙古貴族的統治。如當時法令禁止漢人執兵器，但為元朝政權效力的「漢人為軍者不禁」。

法令又規定「諸打捕及捕盜巡馬弓手、巡鹽弓手，許執弓箭，餘悉禁之」。那些早期就投靠蒙古統治者的漢族地主，如真定董氏、易州張氏、大興史氏、陽城鄭氏等，元朝政府對他們都與蒙古貴族同樣看待。元世祖就曾親暱地稱呼董文炳為董大哥，到了他的孫子成宗即位後，也稱呼董文炳的二兒子董士選為董二哥。元世祖曾當眾揚言：「族心文炳所知，文炳心聯所知。」他的兄弟董文用「每侍燕，與蒙古大臣同列」。還有襲父職任太原、平陽萬戶的鄭制宜，也被元世祖所器重。按當時慣例，每年皇帝去上都時，樞密院官員除隨行外，在京師大都要有一人留守。由於留守官員任重大，從來不派漢人充任，幾年後元世祖才破例讓鄭制宜作留守，制宜遜辭，元世祖說：「汝豈與漢人比耶！」竟留之。

在取得江南後，元朝統治者又注意重用南方的漢族地主，至元二十四年詔命程鉅夫為御史中丞，派行御史臺事，奉詔求賢，於江南。過去詔令用蒙古文，元世祖又下令改用漢文。程鉅夫臨行時，世祖密諭，一定要把葉李等人找來。程鉅夫乖機，推薦了葉李等二十餘位江南名流，世祖後來都授與他扔一定的職位，企圖對漢人、南人中一般的中小地主也採取籠絡的辦法。

元世祖時，免兵賦的儒戶，多數是漢族地主階級分子。透過漢族大地主的投靠，又籠絡了一大批地主階級的知識分子，如地主豪強武裝的代表人物嚴實，他的子弟都是萬戶、千戶。其次子嚴忠濟的幕僚有宋子貞、劉肅、徐世隆等，都是當時的知名人物。

此外，又透過窩闊臺的翻譯官員楊惟中的推薦，而重用了當時的名臣竇默、姚樞。姚樞又推薦了許衡。這樣，漢族地主在元朝政府裡形成一支不容忽視的力量。

不聽元朝里長的話，就等著被洗門風

元朝把大部分徭役作為專業，分撥一部分人戶世代擔負，如站戶（負擔驛站鋪馬）、獵戶、鹽戶、窯戶、礦冶戶、運糧船戶等等，這些人戶與民戶異籍。民戶不負擔這些專業性的徭役，但這些專業戶計負擔的其他徭役則由民戶按戶等分擔。

民戶所負擔的徭役名目繁多，如築城、排河、運糧、採打、木植、造作船隻器甲、馬草等等，都自民間徵發。元初修建大都，每年都徵發成千上萬的民夫來採運木石；西元一二八六年河決開封、祥符等十五處，調南京民夫二十萬餘分築堤防；元朝侵略日本，在江南拘刷（即收繳）水手，打造戰船，行省官依各道戶計，敷派船數，被徵發的丁夫離家五六百里應役，凍死病死者不計其數。諸如此類的搖役，由官府依據一時的需要而任意徵發，民眾的負擔是無限止的。元朝還繼承前代的和雇制，由官府出價，向民間強迫雇傭勞力、車輛，而官府所出工價往往不足十之二三，而且多被官員中飽。名為「和雇」，其實是變相的徭役。

職役包括里正、主首、社長、庫子等名目。里正秉承官府的指令，管理里社居民；主首催辦賦稅；社長功課農桑，糾監非違；庫子管理倉庫，主要由上等戶計承充。擔負職役的人可以免服本身其他差徭。富有者在里社任職役，可以假仗官勢，侵漁百姓。貧弱者任職役則被官吏敲榨，窮於應付，賠累而無法償清。因此「富者三歲一役，曾不以為多；貧者一日受役而家已立破」（《王忠文公集》卷九）。平民任職役既無法應付官吏之勒索，又無以責豪紳之拖欠，往往因此而傾家蕩產。

里社制度是繼承前代的村社制而又有所強化。元朝法令規定：縣邑所屬村疃，凡五十家立一社，選擇年高曉農事者一人為之長。增至百家者別設長一員，不及五十家者與近村合為一社。地遠人稀不能相合，各自為社者聽。社內居民中，「或不務本業，或出入不時，或服用非常，或飲食過分，或費用無節，或原貧暴富，或安下生人，或交結遊惰」（《通制條格》卷十六）等情況，社長都嚴加監視；對於「遊手好閒，不遵父母兄長教令，凶徒惡黨之人」，先由社長進行教訓，如不改正，便籍記姓名，等候提點官到來時，在社眾前審問是實，於門前粉壁，大字書寫「不務本業」、「遊惰」、「兇惡」等名目。如本人知恥改過，則可由社長保明，報告官府，毀去粉壁。對所謂終是不改之人，但遇本社應派夫役，即遣使替民應役，直至悔過自新，方許除籍。社長對於上述人等如有失覺察，致有人戶違犯者，則驗輕重責罰。元朝又規定：「諸經商及因事出外，必從有司會問鄰保，出給文引，違者究治」、「諸關廂店戶，居停客旅，非所知識，必問其所奉官府文引，但有可疑者，不得容止，違者罪之」。透過里社和這一系列的規定，元朝官府對各地居民進行著嚴密的控制。

元朝：我很短可是我很重要

元朝在中國王朝序列中，儘管該政權存在的時間較短，但它對中國歷史發展產生的影響還是非常重要的。本文擬從文化角度，對其在中國文化史上的地位和影響進行初步探索。

推進了中國多元一體文化格局

十三世紀初，蒙古族統治者經過半個多世紀的征服戰爭，先後消滅西夏、金、大理、吐蕃、南宋等政權，完成了多民族國家的空前統一，形成了有利於各民族文化交流發展的有利環境。

中國多民族文化並存的格局進一步得到肯定。自春秋時代開始，中原地區所形成的「夏夷」之說，強調「尊夏攘夷」、「以夏變夷」的思想，對各民族之間的平等交往形成障礙。例如在史學領域極具影響的「正閏」說，主張「四夷不得正統」，將北方民族入主中原的政權，與「竊國」、「篡國」者並列，納入非「正統」序列，事實上對其他民族政治文化形成排斥。由於元朝亦屬入主中原的少數民族政權，統治者為了確立自身地位的合法性，需要努力扭轉這一傳統觀念。在編纂《遼》、《宋》、《金》史時，三史都總裁官、中書右丞相脫脫力排眾議：「獨斷曰：『三國各與正統，各繫其年號』，議者遂息。」這一舉措結束了自遼朝滅亡後兩百多年的「正統」之辯，同時也在中國史學史上，第一次以中央政府的名義肯定了各民族政權的合法地位。其意義正如韓儒林先生所總結的那樣：「這一決定確定了三史以平等看待的基本原則，它符合中國是一個多民族國家的客觀實際，也符合遼、金、宋三朝互不相屬的歷史狀況，因而是正確的，所以脫脫對三史的貢獻不能忽視。」

加速了各民族文化的交流。元朝統治者實施的民族政策和文化政策，使古代中國各民族文化的交融和發展出現了很多新的氣象。蒙古族文字產生於這一時期，並沿用至今；北方游牧民族歷史上第一部用本民族文字撰寫的歷史著作《蒙古祕史》誕生；在中國封建王朝歷史上，元朝政府官員的民族成分最為複雜；元朝也是中國統一王朝史上第一個多民族文字並用的王朝；《遼史》、《宋史》和《金史》，是廿四史中僅有的、由多民族史家共同編修的史籍，也在中國史學史上首開一朝官修三朝歷史之先河，為後世保存了珍貴的歷史文化遺產；中原文化在邊疆民族地區得到廣泛傳播，儒家經典著作被翻譯成蒙古文出版，漠北、雲南等偏遠地區首次出現了傳授儒家文化的學校；中國首次出現了由中央政府批准成立的、全國性的少數民族語言文字教育機構——蒙古國子學和花剌子模子學，蒙古、契丹、女真和色目人中間湧現出一大批漢文著述家；西域各民族文化進一步向中原社會流傳，藏傳佛教在中原得以傳播，海南黎族的木棉種植和紡織技術推動了中國棉紡業的發展；在寬鬆的政治文化氛圍下，各民族間的交融也進入又一個高潮期，契丹、女真、党項等民族悄然融入到蒙古族、漢族和周邊其他民族之中，而一個全新的民族——回族在中華大地上誕生。對於元朝各種文化和諧並存的局面，中世紀歐洲四大旅行家之一的鄂多立克（義大利語：Odorico da Pordenone），曾感慨地稱之為「世界上最大的奇蹟」。

由此可見，元朝的建立，打破了此前歷史上出現過的人為的文化遮罩現象，中華文化多樣性的現實得到普遍認可，「四海為家」、「天下一家」的觀念深入人心，多元一體格局在統一的環境裡變為事實。

兼容務實的文化政策推進了中國封建文化的發展

與大多數中國封建王朝相比較，蒙元時期思想文化觀念有兩個特點是十分顯著的：其一是兼容，其二是「不尚虛文」。在這一思想的指導下，元朝的文化環境表現出兼容務實的特徵。

蒙元王朝的文化兼容，主要體現在以下幾個方面：它是中國古代歷史上唯一沒有從官方角度提出「避諱」制度的王朝；它是中國封建歷史上思想文化禁錮制度最少的王朝之一，目前尚未發現元代人士因言論遭受不幸的實例。據統計，元代的文化禁令僅是明清兩朝的幾十分之一；它還是中國封建歷史上唯一明確提出宗教信仰自由的王朝，當時世界上所有的主要宗教在中國都有活動場所和信徒，這在當時的整個歐亞大陸恐怕是絕無僅有的文化現象。

兼容的文化氛圍為中國文化的發展提供了良好的環境，中國戲劇史和文學史上的重大事件——元曲（散曲和雜劇）就是在此環境下形成的，今人把元曲與唐詩、宋詞並列，視之為中國文化的瑰寶。一些學者認為，元曲之所以在元代誕生並繁榮，主要得益於元代北方少數民族倫理道德的影響和文化政策的寬鬆，「使得社會思想能夠較多地擺脫傳統規範的束縛」，自由創作。

儒家文化的社會地位進一步提高。孔子在元代被封為「大成至聖文宣王」，使其美譽達到無以復加的程度，孟子等歷代名儒也獲得了崇高的封號；元朝在中國歷史上首次專門設立「儒戶」階層，保護知識分子，「願充生徒者，與免一身雜役」。元代的民眾普及教育超過了前代，書院達到四百餘所，州縣學校的數量最高時達到兩萬四千四百餘所。對元代儒家文化的發展，陳垣先生是這樣評價的：「以論元朝，為時不過百年……若由漢高、唐太論起，而截至漢唐得國之百年，以及由清世祖論起，而截至乾隆二十年以前，而不計乾隆二十年以後，則漢、唐、清學術之盛，豈過元時！」

務實的精神推動了文化與社會實踐的互動。建立元朝的蒙古族處在封建社會上升階段，有著較為迫切的發展要求。因此與宋代相比較，元朝務實的文化精神是十分顯著的。元朝的奠基人忽必烈主張「應天者惟以至誠，拯民者惟以實惠」，強調「務施實德，不尚虛文」。據此，他提出了「科舉虛誕，朕所不取」，廢止了科舉制度，在人才選拔上強調才幹，而不單純是「以文取勝」；一些關乎國計民生的科學文化在政府的扶持下也得到了快速發展：由政府組織的一系列大規模的天文實測活動，使中國在很多天文學領域處於世界先進水準（如黃道夾角的科學資料、星辰的數量、曆法等）；在地理學方面，《大元一統志》開中國官修地理總志之先河，也是中國古代史上篇幅最大的一部官修地理志書；元代編修的方志達到一百六十種，數量超過了宋代；元政府還組織了中國歷史上首次對黃河河源的實地科考；在農業技術及農學普及方面，南北東西農作物廣泛交流，各地農業技術（如生產工具）取長補短，棉花種植在元代得到全面推廣，很多農作物得到普及。政府加強了農業科技的總結和普及工作，司農司編輯的《農桑輯要》是中國古代政府編行的最早的、引導全國農業生產的綜合性農書，魯明善的《農桑衣食撮要》是中國月令體農書中最古的一部，王禎的《農書》是中國第一部對全國農業進行系統研究的農書；在宋代發明活字印刷術的基礎上，元代發明了金屬活字、轉輪排字法和套色印刷術。此外，元政權也非常重視醫學、造船業、陶瓷製造和水利。

開創了中國封建時期中西文化交流最繁榮的時代

元朝以及四大汗國等政權的產生，使十三世紀之後的歐亞政治格局發生重大的變化，東亞、中亞和西亞地區昔日林立的諸多政權頃刻間消失，歐洲的部分地區也納入蒙古汗國的統治之下。毫無疑問，劇烈的社會動盪曾給歐亞各國人民帶來巨大的痛苦，但征服戰爭以及隨之建立的蒙古政權，在客觀上帶來的積極影響也是不容忽視的。

蒙古族統治者鼓勵通商的開放政策，便利、安全的驛站交通，拉近了歐亞之間的距離，使各種文化之間的直接對話成為現實，縮短了歐亞大陸區域之間因發展不平衡以及由於地理空間和人為封閉造成的文明的差距。交流讓中國認識了世界，世界也認識了中國，東西方之間的神祕面紗被揭開，世界文明史由此進入了新的時代。

如果從中國文化史角度觀察，蒙元王朝的影響主要體現在兩個方面：

促進了中國的國際化。在中國古代歷史上，對外影響最大的王朝是唐朝和元朝。但是，如果從對外影響範圍、往來國家數量和國際地位角度比較，唐朝與元朝是無法比擬的。優惠的通商政策、通暢的商路、富庶的國度、美麗的傳說，使元朝對西方和阿拉伯世界的社會各界形成了巨大的吸引力。上都、大都、杭州、泉州、廣州已具有國際化都市的色彩，泉州港成為國際最大的對外貿易口岸。旅行家、商人、傳教士、政府使節和工匠，由陸路、海路來到中國，他們當中的部分人長期旅居中國，有些人還擔任政府官員。據統計，這些人分別來自波斯、伊拉克、阿速、康里、敘利亞、摩洛哥、高麗、不丹、尼泊爾、印度、波蘭、匈牙利、俄羅斯、英國、法國、義大利、亞美尼亞、亞塞拜然、阿富汗等國，而歸國後一些人記錄了他們在中國的見聞。正是這些遊記，使西方人第一次較全面地掌握了中國和東方的資訊，一個文明和富庶的中國真實地展示在世界面前。這些資訊改變了歐洲人對世界的理解和認識。學術界普遍認為，馬可波羅等人的著作對大航海時代的到來產生了至關重要的影響。

開創了古代中西文化交流最繁榮的時代。元朝透過海上「絲綢之路」進行經貿往來的國家和地區由宋代的五十多個增加到一百四十多個。海路到達非洲海岸，陸路往來直抵西歐，統一的環境為國際間、地區間的交往創造了前所未有的便利條件，史稱「適千里者，如在戶庭；之萬里者，如出鄰家」。在大量阿拉伯人、歐洲人湧向東方的同時，中國人的視野也更加開闊，對周邊國家、中亞、南亞和印度洋地區的了解更加清晰，足跡甚至延伸到西亞和西歐。人們對外部世界的了解和介紹，不再局限於道聽塗說，而大多是親身經歷。如汪大淵的《島夷志略》一書，所記印度洋沿岸和南海各國史實「皆身所遊覽，耳目所親見，傳說之事，則不載焉」。該書記錄了數百個地名，以及各地的山川險要、氣候物產、人物風俗，與中國的經濟、文化交往情況等等，多屬前人未載內容。類似的文獻還有《西遊記》、《西遊錄》、《北使記》、《西使記》、《真臘風土記》、《異域志》等，反映了元代中國人對外部世界的新認識和開闊的文化視野。

中西經濟文化交流的空前繁榮，使不同地區、國家和地區間的經濟文化雙向交流加速。中國的火藥、指南針、印刷技術傳入阿拉伯和歐洲，推進了這些地區的文明發展。阿拉伯的醫學、天文學、農業技術，歐洲的數學、金屬工藝，南亞的雕塑藝術等傳入中國，促進了中國古代文化的豐富和發展。元代中西文化交流資訊量之大、傳播範圍之廣、對未來歷史影響之大，都是人類歷史上空前的。可以說，中西方文明成就第一次出現了全方位共用的局面。

蒙古人是使用什麼文字？

蒙、元時期先後行用兩種蒙古文字。一是蒙古畏兀字，一是八思巴蒙古字。它在發展民族文化，保存蒙、元時期豐富的文化遺產等方面發揮了重要作用。

蒙古畏兀字，創製於成吉思汗時期。蒙古原無文字，據《蒙韃備錄》、《黑韃事略》等書記載，慣用刻木記事。成吉思汗建國時，以畏兀字母書寫蒙古語，稱為蒙古畏兀字。畏兀字即古回鶻字，源於粟特字，是一種拼音文字，創始於八世紀。原為自右向左橫寫，後改為自左向右豎寫。共有字母二十個左右，各時期有所增損。蒙古畏兀字以畏兀字母拼寫蒙古語言，亦自左向右豎寫。自一二〇六年以來，逐漸在蒙古族中使用。蒙元統治者用以書寫詔令文書，並曾用以譯寫《孝經》、《資治通鑒》、《貞觀政要》等漢文典籍。現存蒙古畏兀字文獻，最早者為蘇聯列寧格勒所存西元一二二五年的《移相哥刻石》（或稱成吉思汗石）文字五行。中國所藏一二四〇年紫微宮碑蒙古畏兀字三行（《元代白話碑集錄》）也是較早的一種。元朝建國以後，刊有蒙古畏兀字的碑石，現有多種留存在中國各地。北京故宮圖書館藏有元代刊刻的蒙古畏兀字與漢字對譯的《孝經》，是罕見的古籍。元世祖忽必烈命八思巴製作蒙古字頒行後，蒙古畏兀字不再作為官方文字，但仍在民間行用。

八思巴蒙古字。元世祖忽必烈在西元一二六〇年即位後，封授吐蕃喇嘛八思巴為國師，命他製作蒙古字，至元六年正式頒行，稱為蒙古新字，次年又改稱蒙古國字。至元八年規定：「今後不得將蒙古字道作新字。」八思巴新制的蒙古字由此成為官方法定的文字。這種蒙古字系依據藏文字母改制而成，藏文字母來源於梵文字母，橫行拼寫；八思巴制蒙古字，改為方體，自上而下直寫，自右向左行，當是參照了蒙古畏兀字和漢字的書寫及構字方式。八思巴蒙古字共有字母四十多個，用以拼寫蒙語，也拼寫漢語。字母基本通用，但有些字母在拼寫蒙語和漢語時，代表的音值不同。現存八思巴蒙古字文獻，主要是保留在中國各地的碑石和歷代收藏的拓本，以及官印、錢鈔等文物上。廣東南華寺保存的元仁宗愛育黎拔力八達聖旨原件，是現存元代八思巴蒙古字的珍貴文獻。《事林廣記．蒙古字百家姓》和傳寫本《蒙古字韻》將漢字與拼寫漢語的八思巴蒙古字對照，是當時的識字課本。此外，現在還可見到八思巴蒙古字拼寫藏語的佛經殘片。至元六年元世祖頒行新字的詔書，曾明確規定，以新制的蒙古字「譯寫一切文字」，實際上是企圖以一種通用字母拼寫蒙、漢、藏等各民族的語言。這是中國文字史上的一次創造性的嘗試，也是製作中文拼音字的第一次嘗試。但由於同時兼顧幾個民族的語言，在表示音值和構制字體時都不免存在各種缺陷。採用漢字方體字形拼寫蒙語，以一個方體字拼寫一個音綴，致使語詞割裂，不易識讀，不如蒙古畏兀字以詞為單位構字，便於讀寫。

元朝一代，八思巴蒙古字始終作為官方文字行用；元朝亡後，北元也還用以鑄造官印。此後，八思巴蒙古字漸不通用。蒙古畏兀字經過改革，沿用至今。

嚇得歐洲人不要不要的成吉思汗

成吉思汗（西元一一六二年～一二二七）即元太祖，蒙古開國大汗，傑出的軍事家，政治家。名鐵木真，蒙古族，孛兒只斤氏，在位期間多次發動侵略戰爭，征服地域西達黑海海濱，東括幾乎整個東亞，讓元朝成為世界歷史上著名的橫跨歐亞兩洲的大帝國之一。

鐵木真出生於蒙古乞顏部貴族世家。六世祖海都、高祖敦必乃、曾祖葛不律寒及曾祖俺巴孩等都曾是蒙古部的顯赫人物或首領；父也速該有拔都（勇士）稱號。時漠北高原有百餘部落，互相攻戰。鐵木真降生時，適逢其父在作戰中俘獲塔塔兒部首領鐵木真，為紀念是役武功，故取此名。鐵木真九歲時，其父被塔塔兒部人毒死，部眾離散，隨寡母月倫艱難度日，曾被其他部落捉獲，險些遇害，憑其機敏逃脫。稍長，依附蒙古高原最強大的克烈部首領脫里（後稱王汗），並尊之為父，得以收聚其父舊部；又與劄答闌部首領劄木合結為安答（義兄弟），逐漸發展勢力。為報復蔑兒乞部搶妻之仇，求王汗、劄木合出兵，合本部兵共數萬，突然襲擊蔑兒乞部，斬殺許多仇敵，奪回妻子。金大定末年，移營怯綠連河

（今克魯倫河）上游，獨立建帳，廣結盟友，選賢任能，寬厚待人，吸引許多蒙古部眾和乞顏氏貴族來投，被推為可汗。約在金大定末年或明昌初，劄木合反目為仇，率十三部聯軍三萬之眾來攻，鐵木真召集諸部兵三萬，分十三翼（翼，意為營或圈子）迎戰，失利退兵，史稱十三翼之戰。

因鐵木真善於收攬人心，致劄木合部眾紛紛叛附，壯大了力量。承安元年（西元一一九年），與王汗一起，配合金丞相完顏襄擊殺塔塔兒部部長以下多人，被金朝封授劄兀忽里（部族官）。再與王汗聯兵，大敗正在會盟的哈答斤等十一部聯軍。泰和元年（西元一二〇一年），率軍大破劄木合組織的鬆散聯盟。次年，遭乃蠻聯軍進攻，退入金邊牆內，大敗乃蠻聯軍於闊亦田（今哈拉哈河上游）之野，乘勝攻滅塔塔兒四部。因勢力漸強，引起王汗嫉恨和敵視。三年，遭王汗突襲，敗走班朱尼河（今呼倫湖西南），以飲濁水與從者盟誓，共度難關。再轉移至合泐合（哈拉哈）河中游，收集潰散部眾四千六百餘騎，經過休整，逐漸恢復元氣。後偵悉王汗驕怠不備，夜襲王汗大營，大潰其眾。王汗隻身敗逃，被乃蠻人捕殺，克烈部亡。四年，建怯薛（護衛軍）。不久，乘乃蠻首領太陽汗來攻，巧布疑陣，擒殺太陽汗，征服其部眾，迫哈答斤、朵魯班等部來降。至成吉思汗元年（西元一二〇六年），蒙古高原百餘個大小部落先後敗亡，塔塔兒、克烈、蔑兒乞、乃蠻和蒙古五大部均統一在鐵木真的旗幟下。

鐵木真遂在斡難河（今鄂嫩河）之源舉行大聚會，建立也客．蒙古．兀露絲（大蒙古國），被尊為成吉思汗（此號有「海洋」或「強大」的皇帝之義）。將怯薛擴充至萬人，稱大中軍。以兵民合一的千戶制編組民眾，上馬則備戰鬥，下馬則屯聚牧養，命「四傑」博爾忽、博爾朮、木華黎、赤老溫為四怯薛長。

成吉思汗立國後，勢力益盛，開始對外發動大規模戰爭。經過二十餘年的蒙夏戰爭，屢創夏軍主力，迫西夏國王乞降，削除金朝西北屏障，得以順利南下攻金。六年，親率大軍進攻金朝，開始了為時二十四年的蒙金戰爭。首戰烏沙堡（今河北張北西北）獲捷；再戰野狐嶺（今河北萬全西北）、會河堡（今懷安東南），殲滅金軍大量精銳；又戰懷來（今屬河北）、縉山（今北京延慶），大敗金軍十餘萬；還重創金軍於東京（今遼寧遼陽）、西京（今山西大同）、居庸關等地。後來不斷改變戰法，分兵三路攻掠中原腹地及遼西地區。九年三月，集兵中都（今北京）城下，料一時難以克城，遂遣使逼和，迫金朝奉獻岐國公主、金帛和馬匹，引兵退出居庸關。六月，以金朝遷都南京（今河南開封）而「違約」為藉口，乘金國人心浮動及乣軍嘩變降蒙之機，遣部將三木合拔都、石抹明安率軍，會合降蒙乣軍進攻中都，以圍城打援和招降之策，於次年五月克城。為適應攻城需要，成吉思汗採納部將建策，逐漸建立了炮軍，攻城以炮石為先。後來攻城作戰，一次用炮即達數百座，迅即破城。同時，重視吸取各民族的先進技術，廣收工匠藝人，一城即得數萬。隨後建立工匠軍，設廠冶鐵製造兵器。在通訊聯絡上創建了「箭速傳騎」，日速數百里，軍令傳遞和軍隊調遣速度加快。善於發揮騎兵之長，使蒙古騎兵疾如飆至，勁如山壓，有「蒙古旋風」之稱。

十二年，成吉思汗封木華黎為太師、國王，指揮攻金戰爭，自率主力返回蒙古準備西征。次年，遣先鋒將領哲別滅西遼屈出律勢力，掃清西征障礙。十四年，以西域花剌子模國殺蒙古商人和使者為由，以軍事擴張和擄掠財物為目的，親率大軍約二十萬分路西征。數年間先後攻破訛答剌（在今錫爾河中游）、布哈拉及撒馬爾罕等地。遣哲別、速不臺率軍追擊花剌子模國王摩訶末，迫其逃至寬田吉思海（今裏海）中小島，後病死。再命哲別、速不臺繼續西進，遠抵克里米亞島；自率一軍追擊摩訶末之子劄蘭丁至申河（印度河）。

十九年，班師返漠北；二十一年，率軍十萬殲滅西夏軍主力（次年西夏滅亡）。成吉思汗正欲集中全力攻金，於二十二年七月十二（西元一二二七年八月二十五日）在六盤山下清水縣（今屬甘肅）病逝，年六十六歲。臨終遺囑：利用宋金世仇，借道宋境，聯宋滅金。其子窩闊臺和拖雷遵此遺策，於窩闊臺汗六年（西元一二三四年）滅亡金朝。

成吉思汗戎馬生涯近五十年，施展雄才大略，依靠一批能征善戰的將領和謀士，利用騎兵優勢，創造了震撼世界的奇蹟。他善於治軍，創建和統帥的蒙古軍，訓練有素，紀律嚴明，既善野戰，又能攻堅。在眾敵面前，善於利用矛盾，聯此擊彼，各個擊破；在戰法上，善於揚長避短，巧施詐術，避實擊虛，多路出擊，迂迴突襲，速戰速決。重視以戰養戰。其軍事思想和指揮藝術，在世界軍事史上都有重要地位，對後世有很大影響。

成吉思汗是中華民族發展史上一位傑出的人物，其本人及其子孫的軍事征服活動，克服了當時東西方陸路交通的人為障礙，大大促進了東西方文化交流，推動了人類文明的進步。在東方，成吉思汗及其子孫弭平了中國自唐朝以後形成的數個政權分立對峙的局面，最終奠定了現代中國的基本版圖。

黃道婆：棉紡業的大改革家

黃道婆，元代棉紡織革新家，又稱黃婆，生卒年不詳，松江府烏泥涇（今屬上海）人。元貞年間，她將在崖州（今海南島）學到的紡織技術進行改革，製成一套扡、彈、紡、織工具（如攪車、椎弓、三錠腳踏紡車等），提高了紡紗效率。在織造方面，她用錯紗、配色、綜線、花工藝技術，織出有名的烏泥涇被，推動了松江一帶棉紡織技術和棉紡織業的發展。元至元三年（西元一三三七年）為她立祠院，一九五七年又在上海為她建墓園並立紀念碑。

她是一個普普通通的婦女，但早年的遭遇和對紡織技術的貢獻卻在民間長期流傳。據說，她小時候人家的童養媳，由於不堪忍受封建家庭的虐待，勇敢地逃出了家門，來到了海南島的崖州（今海口市），從此在海南島居住了三十多年。她在海南崖州期間，虛心向黎族人民學習紡織，不僅全部掌握了先進技術，還把崖州黎族使用的紡織工具帶回家鄉，並以她的聰明才智，逐漸加以改進和革新，使家鄉以至江南地區的紡織水準有所提高。經過她改進推廣的「擀（攪車，即軋棉機）、彈（彈棉弓）、紡（紡車）、織（織機）之具」，在當時具有極大的優越性。

黃道婆之前，脫棉籽是棉紡織發展中的一道難關。棉籽黏生於棉桃內部，很不好剝。十三世紀後期以前，脫棉籽有的地方用手推「鐵筋」碾去，有的地方直接「用手剖去籽」，效率相當低，以致原棉常常積壓在脫棉籽這道工序上。黃道婆推廣了軋棉的攪車之後，工效大為提高。

在彈棉設備方面，黃道婆之前江南雖已有彈棉弓，但很小，只有一尺五寸長，效率很低。黃道婆推廣了四尺長、裝繩的大彈弓，使彈棉的速度加快了，而就棉紡織的各種工具而論，最值得注意的還是紡車的改進。

棉紡車來源於麻紡車，而麻紡車是由紡絲的莩車演變而成的。黃道婆推廣了三錠棉紡車，使效率大為提高，在王禎《農書》裡可以看到這類棉紡車的圖像，它是用腳踏發動。多錠紡車在沒有發明機械化的握持工具「羅拉」以前，單憑雙手握持三個棉筒撚緒，可以說已經達到了手工紡織技術之極高的水準了。馬克思在《資本論》裡說過，當未發明珍妮紡紗機時，德國有人發明了一種有兩個紗錠的紡車，但能夠同時紡兩根紗的紡織工人卻幾乎和雙頭人一樣不易找到，可見黃道婆在這方面的成就之不易。

此外，黃道婆還推廣和傳授了「錯紗配色，綜線挈花」之法，後來松江一帶織工發展了這種技術且更加精益求精。她還把「崖州被」的織造方法傳授給鎮上的婦女，一時「烏泥涇被」聞名全國，遠銷各地。原來「民食不給」的烏泥涇，從黃道婆傳授了新工具、新技術後，棉織業迅速發展。到元末時，當地從事棉織業的居民有一千多家；明代，烏泥涇所在的松江，成了全國的棉織業中心，贏得「衣被天下」的聲譽。

十二、明朝

一個腥風血雨的朝代

明朝是中國封建社會後期的統一王朝，建立於西元一三六八年，滅亡於一六四四年，先後經歷十七個皇帝，共兩百七十六年。

朱元璋在元末農民起義戰鬥中掃滅群雄，推翻了元朝的黑暗統治，建立起朱明王朝之後，集軍政大權於一身，加強了中央集權。由起義將領蛻變而來的文臣武將，以及為朱元璋打天下的各路英雄，如所謂開國功臣中「六國公二十八侯」等，是明王朝官僚機構中的中堅力量。他們盤踞在中央政府的各個重要部門，成為朱元璋推行各項政策的最高統治集團。

朱元璋稱帝不久，在全國大量拉攏士大夫參加各級政權，據《明太祖實錄》，洪武十九年（西元一三六八年），朱元璋選取應天各府、州、縣士大夫到南京做官，共一千四百六十人；又，洪武三十年（西元一三九九年），明政府調查浙江等九布政司，直隸、應天十八府州，田地在七百畝以上的地主，共一萬四千多戶，編成花名冊，準備分批召見錄用。於是，地主分子紛紛湧進明朝政府，掌握了各級政權。

建國不久，朱元璋與文臣武將圍繞權力問題產生了不少矛盾，而且官僚集團中文臣派李善長與武臣派徐達間的鬥爭也很尖銳，且兩者都威脅著皇權。故朱元璋在洪武十三年（西元一三八〇年），殺丞相胡惟庸，興胡黨大獄，至洪武二十三年（西元一三九〇年）止，十年間坐而株連者達三萬餘人，如李善長、朱亮祖等二國公、二十列侯皆坐死。洪武二十六年（西元一三九三年）又以謀反罪殺大將軍藍玉，並興藍黨大獄，被株連者有一公、十三侯、二伯及其家屬，同時被殺的共一萬五千人。

朱元璋以大屠殺解除了皇權的危機。與此同時，朱元璋先後分封諸子為王，使皇權不陷於孤立，但也提防藩王割據而威脅中央集權，所以雖然各王是「制祿歲萬石，府置相傅官屬，護衛甲士少者三千餘人，多者萬九千人」，但「惟列爵而不臨民，分藩而不錫土」（《明史》），可見不同於周、漢的分封。此外，朱元璋加強了封建的偵察機構，在建國前曾建立了鎮撫司，建國後又設置了錦衣衛，作為皇帝的耳目爪牙，監視和鎮壓全國官吏以至人民。

朱元璋在加強專制主義封建國家的同時，也加強了社會文化教育方面的統治。建國初年即在京師設立國子監，後來數次擴充，洪武二年（西元一三六九年）又在全國設府、州、縣學及閭裡私塾。從此，一方面壟斷了社會教育，另一方面藉以培養大批新官僚。朱元璋非常注意國子生新官僚的培養，《明史．選舉志》說：「故其時布列中外者，太學生為盛」。學校成為培養明王朝新官僚的場所，明初也強化了科舉制度，籠絡各階層士大夫作為政權的支柱。

朱元璋起義不久就建立民兵萬戶府，實行軍屯政策。他曾說要效法漢武帝及曹操的屯田政策，強調「興國之本，在於強兵足食」，令將士屯田，「且耕且戰」（《明太祖實錄》）。當時屯田的主要目的是為了解決軍糧問題，保證農民戰爭的順利進行，朱元璋稱帝後，繼續利用軍隊實行衛所屯田，但這時屯田已變成對軍士剝削的工具。據《明史．食貨志》載，明政府規定：邊地的軍隊「三分守城，七分屯種」；內地「二分守城，八分屯種」，屯軍要向政府交納賦稅，稱為「屯田籽粒」；洪武年間，規定軍屯「畝稅一斗」，軍屯的稅糧是明政府的主要收入之一。

除軍屯外，還有民屯，明初統治者多次召集人多地少的「狹鄉」農民，到人少地多的「寬鄉」去屯種，還把蒙古族人民遷徙到各地去屯種。這些屯民除移民外，還有「召募」和

「罪徒」，他們直接由明朝地方政府管理，軍屯則屬於衛所管理。

朱元璋從西元一三六八年建立明王朝，到西元一三九八年（洪武三十一年）七十一歲病死，在三十多年中，基本奠定了明朝一代的政治經濟制度。他所採取的一系列政策，在一定程度上順應了社會生產的發展。

朱棣即位後，繼續加強中央集權，消除了地方藩王的割據勢力，繼續實行墾荒和屯田，進一步加強對北方和東北地區的管理。從永樂元年（西元一四〇三年）到永樂七年（西元一四〇九年），陸續在東北地區設置了一百三十個衛所。永樂七年，朱棣採納了奴兒干官員的建議，下令設置奴兒干都指揮使司。奴兒干都司是明朝中央政府委派管理黑龍江、烏蘇里江流域軍政合一的最高地方行政機構，設有都指揮使、都指揮同知和都指揮僉事等軍政長官。在奴兒干都司的治所派有五百名駐防軍，這些都司衛所的官員，都由明朝政府任命，其中有漢人、女真（滿族）人和其他民族的人民，但衛所的官員，一般都由本部族的首領擔任，各衛所的居民還得向明政府繳納賦稅。

自明宣宗宣德以後，「臣僚宴樂，以奢相尚」（《明史》），尤其是到英宗正統時土地迅速集中，朱姓皇族地主更加惡性膨脹。明政府給親王莊田多達十萬畝，嘉靖時歲支各藩祿米至八百五十三萬石，再加上一批皇親國戚，構成一個龐大的寄生階層。他們憑藉政治特權，往往以「空地」、「閑地」、「退灘地」、「荒地」種種名目，向皇帝「奏討」、「乞請」賜田。官僚地主也乘機大肆兼併土地。劇烈的土地兼併，破壞了明初建立的屯田制度，原來的軍屯，這時成為「田歸豪室，賦累貧軍」。不少軍官把士兵「私役在家，侵其軍糧」，使得廣大士兵無法生活，紛紛逃亡。

明代的特務統治，是明朝封建統治者鞏固皇權的主要形式。錦衣衛與東廠（永樂時置），西廠（成化時置）是實行特務統治的主要機構。從永樂開始，宦官就成為皇室的爪牙，他們是執行特務統治的主要成員；到正德時，內閣官僚與皇權仍然存在著矛盾，所以明武宗即位，就以親信太監劉瑾掌司禮監，邱聚、谷大用提督東、西廠，張永督十二團營兼神機營，首先掌握重要的特務組織與「員警」機構，其次命令「各鎮守太監預刑名政事」，讓他們隨時考察京官，可用笞捶、重枷之法來對待言官。正德三年（西元一五〇八年），劉瑾感到東、西廠尚不能盡特務統治之職，又設立內行廠。內行廠不但是特務統治的號令機關，同時連東、西廠的特務行動也在其伺察之中。正德時期，劉瑾勢力空前增漲，權壓朝野，據《明正德實錄》卷六十六載，凡「章奏先具紅揭投（劉）瑾，號紅本，然後上通政司，號白本」。章奏的批答，劉瑾皆「持歸私第」，與親信孫聰、張文冕、焦芳等人參決，所以當時人稱劉瑾為「立地皇帝」。由於劉瑾勢力無限增加，武宗也感到威脅，於是就以謀反罪捕殺了劉瑾，並誅殺其同黨。劉瑾雖死，但是明朝的特務統治並不因此停止。

從一五二〇年代開始，明朝的歷史步入晚期，西元一五二一年明武宗死後，他的堂弟朱厚熜以湖廣安陸藩王的資格，受到以楊廷為首的內閣改革派的擁護而入繼大統，改元嘉靖，因而內閣的權勢也遠較明代中葉為重，皇室支柱的重心也更多地移放在內閣。在內閣改革派的主持下，世宗（朱厚熜）即位時頒布了一系列改良政治的詔令：革除武宗時期的一些弊政；汰除錦衣衛及各衛軍冗員十餘萬人；殺強尼、江彬等人，限制宦官專政。此外也部分地清查皇莊官莊、清理鹽法、裁減抽分。但是這些措施的欺騙性很大，世宗即位的第二年，就改變了對人民讓步的諾言，在權貴們攻擊下，只好「收回成命」。內閣也在改革派與保守派的鬥爭中出現派系傾軋的混亂現象。改革派與保守派都想在內閣中找到自己的代理人，所以內閣首輔地位的爭奪從嘉靖以後愈來愈激烈，一直到明王朝覆亡為止。

倭寇最害怕的大魔王

倭寇之患從明初以來就一直存在，朱元璋建立明朝的時候，日本正處於封建割據的南北朝時代。早在元順帝至元二年（一三三六年），打進京都的足利尊氏廢黜了後醍醐天皇，另立天皇，自任征夷大將軍，設幕府於京都。後醍醐天皇南逃吉野，建立朝廷，史稱南朝，在京都的朝廷被稱為北朝。醍醐天皇為了恢復王權，推翻幕府，派他的兒子在九州設征西府。除了南、北兩個朝廷外，還有許多割據勢力——守護大名。他們掠奪財富，除互相爭戰之外，還常常支援和勾結海盜商人騷擾和擄掠中國沿海地區，形成了元末明初的倭患。

朱元璋即位後，連續派使者到日本，以恢復兩國關係，更重要的是為了消彌倭患。但由於日本處於分裂對抗狀態，幾次派使都毫無結果，倭寇侵擾日漸繁複。北起山東，南到福建，到處受到劫掠。洪武二十五年（西元一三九二年），北朝統一日本，南朝的武士、失意政客和浪人失去了依託，於是流落海上，盤踞海島，形成了一股不小的力量，不時侵擾中國沿海，造成洪武末年日漸熾盛的倭患。

統一日本的足利幕府第三代將軍足利義滿，也想肅清南朝的殘餘勢力，打擊海上盜賊，同時也想發展與明朝的貿易，獲取豐厚的利益。於是，兩國恢復了關係。明成祖時，雙方建立了勘合貿易關係，明朝給予足利幕府貿易憑證，即勘合，日本方面憑勘合來中國進貢，進行貿易。明朝發展與日本的關係，主要是為了消除倭寇對中國沿海地區的侵擾，足利幕府也積極剿捕倭寇。在足利義滿死後，其子足利義持改變政策，雙方勘合貿易中斷，日本也不再剿捕倭寇，足利義滿時期稍有收斂的倭寇劫掠又在中國沿海一帶蔓延開來。

其後，在足利義教時期，中日勘合貿易又得以恢復。成化三年，即日本應仁元年（西元一四六七年），日本進入了戰國時代，足利幕府衰弱，勘合貿易制度遭到破壞，一些守護大名為了爭得與明朝貿易的權力，搶奪勘合，沒有貿易勘合的大名便進行海盜活動，明嘉靖中葉以後，中日勘合貿易完全斷絕，倭寇侵擾日益嚴重。

明初，由於國力強盛，重視海防設置，因此倭寇未能釀成大患。正統以後，隨著明朝政治腐敗，海防鬆弛，倭寇氣焰便日益囂張。正統四年（西元一四三九年），倭寇侵擾浙江臺州的桃渚村，殺人放火，掘墳挖墓，甚至把嬰兒束在竿上，用開水澆，拍手笑樂。倭寇的罪行，給人民帶來了痛苦和災難。

至嘉靖時期，隨著東南沿海一帶商品經濟的進一步發展，對外貿易相當發達。沿海一帶私人經營的海上貿易也十分活躍。一些海商大賈、浙閩大姓為了牟取暴利，不顧朝廷的海禁命令，和「番舶夷商」相互販賣貨物，他們成群分黨，形成海上武裝走私集團，有的甚至亡命海外，勾結日本各島的倭寇，於沿海劫掠。這些海盜商人如王直、徐海等，與倭寇勾結，使得倭患愈演愈烈。同時一些明朝官僚也與這些寇盜建立了聯繫。嘉靖二十七年（西元一五四八年），明朝派朱紈巡撫浙江，兼提督福建軍務，朱紈到任後，封鎖海面，擊殺了通倭的李光頭等九十六人。朱紈的海禁觸犯了通倭的官僚、豪富的利益，他們指使在朝的官僚攻擊朱紈擅殺，結果朱紈被迫自殺。從此，罷巡視大臣不設，朝中朝外，不敢再提海禁之事，倭寇更加猖獗。

倭寇的滔天罪行，讓人民紛紛組織起來，進行抗倭的保衛戰。嘉靖三十一年（西元一五五二年），倭寇入侵南匯縣，閔電等募集千人抗擊。同年倭寇進犯松江，營州商人孫鏜捐資助軍餉，還派人回家鄉動員子侄前來參加抗倭鬥爭。當時有「吳中倚鏜若長城」的說法。嘉靖三十四年（西元一五五五年），由苗、漢、壯、瑤等族人民組成的抗倭軍隊，在明朝愛國將領的領導下，於王江涇（嘉興北）大破倭寇，斬敵兩千人，這是嘉靖年間抗倭鬥爭中的一次巨大勝利，被稱為「自有倭患以來，此為戰功第一」。嘉靖三十七年（西元一五五八年），倭寇進犯定海，城中居民誓死抵抗，倭寇轉攻長樂，城牆崩壞幾十公尺，居民數千人列柵拒戰，拼死防守。同年，倭寇襲擊揚州，各地來揚州經商的商人數百人參加守城作戰，部姓商人射死倭寇首領，揚州城得以保全。

抗倭鬥爭中湧現出了戚繼光為代表的愛國將領，他們依靠人民的力量，在抗倭鬥爭中屢建戰功，終於取得了抗倭鬥爭的勝利。

戚繼光（西元一五二八年~一五八七年），字元敬，山東牟平人。嘉靖中，任都指揮僉事，在山東備倭。他曾用「封侯非我意，但願海波平」的詩句表達自己消除倭患的決心和志向。嘉靖三十四年（西元一五五五年），戚繼光從山東調到浙江抗倭，他看到衛所官軍毫無作戰能力，而人民卻英勇抗戰，於是召募以義烏農民和礦工為主的三千新軍加以訓練，組成戚家軍。戚家軍紀律嚴明，戰鬥力旺盛。戚繼光注意到倭寇的倭刀、長槍、重矢等武器的特點，創造了新的陣法鴛鴦陣，使長短兵器相互配合，大大提高了戰鬥力，在抗倭戰鬥中，屢建奇功，使戚家軍名聞天下。

嘉靖四十年（西元一五六一年），倭寇幾千人襲擊浙江臺州、桃渚、圻頭等地，戚繼光率部隊在人民群眾的配合支持下，先後九戰九捷，殲滅大量倭寇，取得了決定性的勝利。盧鏜、牛天錫也在寧波、溫州大敗倭寇。浙東的倭寇被全部掃除。第二年，倭寇大舉進犯福建，從溫州來的倭寇與福寧、連江的倭寇一起攻陷壽寧、政和、寧德，自廣東南澳來的倭寇與福清、長樂等地的倭寇攻陷玄鐘所，並延及龍延、松溪、大田、古田、莆田。倭寇在距寧德五公里的橫嶼，憑險固守，官軍與倭寇相持一年多。新來的倭寇又在牛田，興化築營固守，互為聲援，使福建頻頻告急。戚繼光又率軍進入福建剿寇。戚繼光攻下橫嶼，斬首兩千六百人。又乘勝攻下牛田，搗毀倭寇巢穴。倭寇逃向興化，戚繼光乘勝追擊，連夜作戰，連克六十營，斬首無數。戚家軍進入興化城，受到了人民的熱烈歡迎。戚繼光回師福清，又殲滅登陸的倭寇兩百人。

同時明朝將領劉濕也屢敗倭寇，盤踞在福建境內的倭寇幾乎被全部消滅。

戚繼光返回浙江後，倭寇又大肆劫掠福建沿海。嘉靖四十一年底攻陷興化府城，在城中燒殺姦淫掠奪，無惡不作，盤踞兩個多月才棄空城退出，經岐頭攻陷平海衛（今莆田縣平海），以此為巢，四出騷擾。福建再次面臨倭患的威脅。明朝調新任福建總兵俞大猷和先期援閩的廣東總兵劉顯與戚繼光一道抗擊閩倭。

嘉靖四十二年（西元一五六三年）四月，戚家軍再次進入福建。在攻擊平海衛倭寇的戰鬥中，戚家軍為中軍，擔任正面進攻，俞大猷為右軍，劉顯為左軍，從兩翼配合攻擊。二十一日，戚家軍以胡守仁部為前導分兵三路，以火器打亂了倭賊前鋒騎兵，乘勢發動猛攻，俞、劉二部從兩翼投入戰鬥。倭寇三面受敵，狼狽竄回老巢。三路明軍乘勝追擊，將敵人圍困於巢中，並借風火攻，蕩平了倭巢。此戰只用了四五個小時，殲倭兩千多人，解救被擄男女三千多人，明軍收復興化城。平海衛之戰後，戚繼光又率部消滅了原侵擾政和、壽寧的倭寇。嘉靖四十三年（西元一五六四年），又相繼大敗倭寇於仙遊城下、同安王倉坪和漳浦蔡不嶺，斬獲頗多。其後戚繼光又在福寧大敗倭寇，並與俞大猷一起最後掃清了福建境內的倭寇。餘倭逃往廣東。至此，福建倭患基本平定。

俞大猷也是一位抗倭英雄。在福建境內的倭寇被平定後，廣東倭患嚴重。廣東的倭寇主要是由俞大猷平定的。他在任廣東總兵前，就招收過漳州農民武裝六千人，到廣東之後，先後調汀、漳等地軍隊一萬四千人到廣東，其主要部分就是他在福建招收的那支隊伍，到廣東後，俞大猷又招募和組織農民武裝力量，在抗擊倭寇的戰鬥中獲得很大成功。嘉靖四十三年（西元一五六四年），在海豐附近的戰鬥中，農民武裝花腰蜂等英勇殺敵，取得了勝利。俞大猷領導廣東軍民殲滅了廣東境內的倭寇。至此，東南沿海的倭患被最後平定，這是愛國軍民共同奮戰的結果。

倭寇的侵掠騷擾，給東南沿海地區的人民生活和社會經濟造成了極大的破壞。平定倭患，使人們能安居樂業，發展生產。在平定倭亂的過程中，明朝政府的一些官員認識到，「海禁」既不能限制私人海上貿易，也不能防止倭寇，反而驅使沿海居民走上武裝走私的道路，與倭寇內外勾結，為害頗大。嘉靖末年，比較有遠見的官僚，紛紛建議政府解除海禁，發展海上貿易。到明穆宗隆慶時，明政府開始取消海禁，准許對外通商。這無疑順應了社會經濟發展的趨勢，促進了正常的海上貿易和東南沿海商品經濟的發展。

抗倭鬥爭的勝利，與廣大人民群眾的支持和其他抗倭將領的配合是密不可分的，戚繼光率領戚家軍實現了他的「封侯非我意，但願海波平」的滅倭志向。在剿倭戰爭中，戚繼光身先士卒，與士兵同甘共苦；嚴格要求士兵，不准擾害百姓，做到兵民相體；在戰略戰術上，攻其無備，出其不意，進攻重集中兵力打殲滅戰，防禦重積極主動而不是機械地死守，在防禦中伺機反攻。創造了獨樹一幟的「鴛鴦陣」，發揮集體互助、長短兵器結合的機動、靈活、嚴密的作戰力量，有效地打擊敵人。這是戚家軍屢敗倭寇的重要原因，也是戚繼光和戚家軍留給後人的一份寶貴財富。

一名太監的豪華郵輪之旅

西元一四〇五年七月十一日，一支兩萬七千人的船隊駛離了江蘇劉家港。

在此後的三十多年中，這支龐大的船隊先後七次出航，經東海、南海，穿麻六甲海峽，沿孟加拉灣、阿拉伯海、阿曼灣、亞丁灣向西航行，然後過紅海南下東非海岸，到訪了暹羅國（泰國）、爪哇國、真臘國（柬埔寨）、溜山國（馬爾第夫群島）、錫蘭山（斯里蘭卡）、天方國（麥加），最遠到達了今天肯亞東南角的蒙巴薩港。因為率領這支船隊的正使名為鄭和，因此史稱明永樂至宣德年間的這七次大規模遠航為「鄭和下西洋」。

鄭和，原名馬和，回族，西元一三七一年出生在雲南，祖先是唐、宋時期來中國定居的阿拉伯人的後裔。西元一三八一年，明舉兵三十萬進發尚處於元朝梁王手中的雲南，馬和在戰亂中被裹挾到明營，並受到閹割。

西元一三九九年，創建了明朝的朱元璋的四子朱棣發動兵變，於一四〇二年奪取了皇太孫朱允炆的帝位。馬和因在戰事中立功，被賜予「鄭」姓，命為內宮監太監。鄭和在宮中一向「公勤明敏，謙恭謹密」，故當明成祖朱棣決定派船隊出駛南洋、印度洋時，選中了鄭和為船隊的正使太監。

鄭和船隊的船員大都來自明時負責南北海上糧運的漕軍，其所乘的海船長一百三十二公尺，寬五十四公尺，三層甲板，九根桅杆，為當時世界上最大的航海船隻。除了卓越的造船技術外，那時中國還掌握了先進的測航、導航、天文、水文、計量知識，這一切使「鄭和下西洋」成為中國史上的航海壯舉。同時，鄭和的船隊所到之處，帶去了中國的茶葉、絲綢、陶瓷、鐵具等，並將當地的珍禽、寶石、香料、金器帶回，這種物物交換後來流行至民間，溝通了中國與南洋、印度洋地區的貿易往來。鄭和的船隊在三十多年間七次遠航，中國強大的財富所顯示的力量漸漸滲透進了沿途各小國的政治事務中，自鄭和第一次下西洋後，外國來明廷朝貢的使臣絡繹不絕，明皇朱棣得以使「大中國」的統治影響至廣袤的地域。

西元一四三〇年，鄭和率船隊最後一次出航，至一四三三年歸來，此後鄭和任南京守備，於六十五歲去世。

讓明代皇帝怕爆的祖制

所謂祖制，指的是古代王朝開國皇帝制定的一套制度規範和言行準則，既約束皇室成員，又限定朝廷內外，並成為後世各朝處理、決斷事情的依據。在中國歷史上，明代的祖制最具特點，對王朝的影響也最大。

朱元璋建立明朝之後，精心設計了一整套制度法令，其目的無非是要按照他自己的意志，建立一個有秩序的、穩定的社會，以確保其子孫後代的長治久安。集中反映明代祖制的《皇明祖訓》、《太祖寶訓》等涵蓋的內容很廣，大凡從制度法令到機構設置、從守成皇帝的基本言行到百官的行為規範、從後宮的操守到皇室內部君、王之間的關係處理，從樹立皇帝的威嚴到皇室成員所應受到的尊重等等，都作了十分具體而細緻的規定。其中始終貫穿著一條主線，就是維護朱姓的利益，樹立皇帝至高無上的權威，並以此為中心建構權力運作和制衡網路。祖訓中，朱元璋常用「要」、「不可」等類詞彙表達其具體要求，並屢屢強調，如有冒犯或意欲改變祖制的臣子，「將犯人凌遲，全家處死」，反映出其維護祖訓的強烈欲望和嚴酷態度。不難發現，祖訓嚴厲之處，多是朱元璋總結出來的前代之失和他感到不利於後世帝王統治之處。作為開國皇帝，朱元璋精明而強幹，十分善於吸取前代的歷史教訓，所以他一方面以自身的能力和觀念要求朱家的後世皇帝，另一方面懲歷代王朝之失，最終透過祖制的形式，給後代編制了一張保護網。這張保護網不可謂不嚴密、不周全，大凡宮中各種身分都有限定，朝中各個重要衙門則使其「彼此頡頏」，互相牽制，「事皆朝廷總之」，以確保皇帝地位穩固。對於自己的子孫，朱元璋不厭其煩地加以訓誡，事無巨細，幾近叨絮，苦心孤詣可見一斑。

朱元璋祖制中透露出兩大特點，一是防範之心，他屢屢告誡子孫在各個方面要倍加防範；二是專斷、保守，朱元璋一再強調所立祖制是不能更改的。由於朱元璋防範心重，制度建設上，在「事皆朝廷總之」的前提下，著意於權力制衡的設計，廢除沿襲一千多年的丞相制度，將丞相的權力分置各部，朝廷上的六部、五軍都督府、都察院等重要職能部門互不統屬，而後來崛起的內閣由於明初確立了「備顧問」的性質，所以即便在其權勢薰天的時候，由於不具名分，同樣無法統屬全域。如此，雖然一定程度實現了朱元璋的權力制衡的目的，但卻造成了明朝中央責任不明、許可權不清的狀況。各部門在謹守祖制的狀況下，各安其份，不敢逾越雷池，缺乏創新精神，毫無生氣、魄力，最終形成了一種既墨守成規又相互制約的局面。明代歷史上，部門之間推諉、觀望和官員群體謹慎、保守等各種不良現象隨時隨處可見。朝廷如此，地方政府也是如此，權力上的互相制約和保守格局，致使地方布政使、按察使、都指揮使雖職責分明，但遇重大事件則多缺乏權威決斷。

相同的問題同樣出現在明代歷朝皇帝身上，朱元璋在祖制設計時，權力的制衡同樣涉及皇帝。朱元璋的初衷當然是出於對以皇帝為核心的整個權力體系穩定的維護，避免子孫皇帝過於玩弄權術，危及朱明王朝的長治久安。然而，朱元璋沒有考慮到對於皇帝的約束在不同的個體身上具有不同的意義。朱元璋精明強幹，能力過人，自然可以很好地運用權力制衡達到最終的集權；然而，明代皇帝在太祖朱元璋、成祖朱棣之後，多是平庸之輩，不僅無力掌控權力制衡，反而陷身於祖制設定的權力網路之中。

祖制成為朱明後代皇帝的重重束縛，終致他們形成種種畸形人格和極端的言行方式，諸多皇帝表現出與祖制相悖的、與皇帝角色不符的言行舉動。如明武宗四處巡幸，扮演各種身分，疏於政務，遊戲國事；明世宗長年不上朝，沉溺道教青詞，無視天下災異；明神宗沉溺酒色才氣，打擊報復大臣，嗜財如命，深居內宮，荒政怠政；明熹宗沉溺遊戲與玩耍，醉心於泥、瓦、木、漆匠活，樂此不疲，致使大權旁落。應該說，這些皇帝的各種失範表現的導因不盡相同，但有一個共同的原因就是祖制束縛太嚴。祖制的嚴厲約束，使得那些守成皇帝產生了嚴重的逆反心理，或率性而行，或極端行事。這種情況，我們從明代各位「問題皇帝」對那些用祖制批評、諫諍其失範行為的大臣進行嚴厲排斥、打擊的情況，也可以強烈地感受出來。

由於祖制具有強烈的利益目標，缺乏開放的心態，客觀上限制了皇帝、官員的隨時變通、與時俱進。嚴守祖訓的明代君臣們處處受到祖制的羈絆，用人委以老成，因循舊章，反對任何程度、任何形式的修改和調整，有明一代幾乎沒有進行過大刀闊斧的激進改革便是極好的例證。在一些重大問題的爭執中，人們總是援引祖制，最終造成固守成例、不敢進取，或走向極端、偏執行事的局面。皇帝、百官皆不能審時度勢、因時制宜，不能根據社會的變化適度變通，朝廷上下缺乏生氣，致使明朝成為一個進取不足的王朝。

明代書院的建毀攻防戰

東林書院興盛時間並不長，從明萬曆三十二年（西元一六〇四年）修復，到天啟五年（西元一六二五年），由於政治上的干預而被魏忠賢下令拆毀。不獨東林書院如此，明代一些有影響的書院，可以說多是因為政治上的牽連而命運多舛，屢遭劫難。有明一代，共有四次禁毀書院的事情，政治對書院的干預達到了頂峰。第一次是嘉靖十六年（西元一五三七年），御史游居敬疏斥南京吏部尚書湛若水「倡其邪學，廣收無賴，私創書院」，請求皇帝「戒諭以正人心」，嘉靖一方面慰留湛若水，一方面則令所司毀其書院。於是年四月下令罷各處私創書院。這次禁毀的矛頭，只在湛若水創辦的書院，其他各地書院仍照常活動；第二次是嘉靖十七年（西元一五三八年），吏部尚書許讚，以官學不修，多建書院「聚生徒，供億科擾」，耗財擾民為藉口，上奏明嘉靖，嘉靖「即命內外嚴加禁約，毀其書院」，「申毀天下書院」，而當時嚴嵩柄權，這次毀書院，實為宰相嚴嵩的意旨。但這次處理的大多是官辦的書院，其他書院後來照常建立，如混元、雲興兩書院即建於嘉靖十七年之後。

這兩次禁毀書院，是由於當時在朝執政的人，有許多是反對王陽明、湛若水的學者，他們對於王、湛的廣建書院，聚徒講學，妄加罪名，實是為了在政治上和學術上進行壓制。以「官學不修，別立書院」，「動費萬金，供億科擾」為藉口，禁毀所有書院。但書院在當時的影響很大，聲望很高，禁是禁不住的。《萬曆野獲編》上說：「雖世宗力禁，而終不能止。」不僅如此，官方越禁，民間越辦，所以明代書院，僅以嘉靖年間為最多，而且相當一部分是嘉靖十六年、十七年之後興辦的。

第三次禁毀書院，是在萬曆七年張居正執政時。張居正當國時，極力控制思想，對書院講學特別厭惡。史載「張居正最憎講學，言之切齒」，他說「聖賢以經術垂訓，國家以經術作人，若能體認經書，便是講明學問。何必又別標門戶，聚黨空談。今後各提學官，督率教官生儒，務將平日所習經書義理，著實講求，躬行實踐，以需他日之用。不許別創書院，群聚徒黨，及號召他方游食無行之徒，空談廢業」（《萬曆野獲編》）。他寫信給憲長周友山，指責當時書院講學為「作偽之亂學」，「講學者全是假好學」。張居正本是徐階的弟子，但張最不喜其師的聚眾講學。因有一批官吏假託立書院講學依附徐階，實際是借此以把持郡邑。萬曆七年，常州知府施觀民搜刮民財，私創書院，張居正便借題發揮，一面將施坐罪革職，另一面即以皇帝名義詔毀天下書院，自應天府以下凡六十四處盡改公廨。這是明代毀廢書院最嚴厲的一次，但許多書院仍以各種方式得以保存，如安福縣復古書院，易名「三賢祠」，貴溪縣象山書院易名「象山祠」得以保存等。張居正禁毀書院的真正原因，是害怕書院講學「徒侶眾盛，異趨為事」，「搖撼朝廷，爽亂名實」，至於說因為施觀民搜刮民財而禁毀書院，顯然是為掩蓋真相而尋找的一種藉口。

張居正禁毀書院，比嘉靖年間禁毀書院的規模更大，措施也更加嚴厲。然而，書院講學制度已深入人心，雖禁猶存。當時確曾被毀的書院有成都大益書院等十六所；有些書院是名毀實存，仍以各種方式保存下來。說明當時不少人實不願毀書院，但迫於張居正的政治壓力，只好採取「陽奉陰違」的策略，設法保存書院。如長沙惜陰書院、瑞州筠陽書院、江西貴溪象山書院等，還有的書院則根本未毀，如饒陽近聖書院等。張居正於萬曆十年（西元一五八二年）死去，萬曆十一年就重建了仁文書院，其他書院也陸續興建。所以，萬曆年間雖有張居正禁毀天下書院之舉，但萬曆年間的書院數目反而不少，在整個明代僅次於嘉靖年間，居第二位，而且名毀實存的書院多在江西。江西自南宋經元至明都是書院最盛的地區，雖在禁令，仍設法堅持複辦，足見當時書院講學影響之深，一道禁令是不可能禁毀盡的。

明代第四次禁毀書院，就是天啟五年（西元一六二五年）的魏忠賢禁毀東林書院，進而殃及其他書院。張居正毀書院，是痛恨講學的浮誇習氣，同時還想統一教育機構，不要又有學校又有書院，這有一定的政治見解，但是方法不當則已；而魏閹黨人的禁毀書院，完全出於報復，無一是處，而且方法狠毒，牽連羅織，屢興大獄，害死許多人。其毀書院至不許存留片瓦寸椽，殘酷到了極點，東林書院幾乎全部被拆毀。

依庸堂由三間硬山頂構成，是講學建築中最有代表性的主要建築，位於麗澤堂後，燕居廟之前，在講學建築石牌坊至燕居廟的南北中軸線上，居於全書院建築群中央，此堂是東林學派領地象徵。當時官紳宿儒人等，凡至東林，都要先瞻仰參謁依庸堂，以為「斯文在茲」，「腳跡得入依庸堂，人生一大幸」。依庸堂被拆之際，高攀龍正被削籍回無錫家居。他家住無錫老城區南門以內之水闕巷，離東門東林書院較近。他原係朝中正二品的都察院左都御史，曾擔負著國家監察舉劾重任。在魏忠賢下令拆毀東林書院時，他向無錫地方官員通融說情，終使東林書院除依庸堂外其餘大部分建築得以保存。依庸堂拆去後，氣氛荒涼，但燕居廟、藏書樓、祭器室、麗澤堂、東西長廊、學舍、月河（泮池）、石牌坊、道南祠建築尚存。書院的整體環境面貌依然，尚現出特有的古樸景象。到了天啟六年四月，魏忠賢再次下令全部拆除東林書院，無錫知縣吳大朴接到巡按徐吉及常州府牌後，與本縣管糧縣丞並帶領匠作員役及本地耆年之民談來泰等人，到東林書院現場，實地監督執行。差役當場坐提易價，倉卒變賣。天啟六年五月初，整個東林書院被強行全部拆毀。書院田土房屋等項作價變賣後所折合得到的全部銀兩，一共折銀六百三十一兩二錢，只相當於當初修復東林書院時的一半。只有道南祠因係用官資建造，屬地方祭祀先賢建築，才沒有被拆除。

東林書院被夷為一片瓦礫，連院內甬道、橋梁以及沿河古木均砍伐殆盡，其地成為殘破不堪的一處廢墟。人們在描述當時東林被毀的荒涼情景說「碣斷碑橫」，「如逢兵燹條成灰」。而拆毀東林書院的變價銀兩全部被「解蘇州府，協助祠工」，被用作建造魏忠賢生祠的經費了。

「闖王」李自成的人心收服術

明朝末年，各種社會矛盾空前激化，突出表現在農民與地主階級之間的階級矛盾。在腐朽的封建地主階級壓榨下，全國各地反抗鬥爭層出不窮，陝西地區成為農民起義的中心地。

陝西長期以來是全國社會矛盾的焦點，土地貧瘠，生產落後，賦稅和徭役嚴重，加之連年災荒，農民生活比其他地區更為困苦，階級矛盾尖銳。這一地區又是蒙、漢、回民雜居地區，是激烈的民族鬥爭場所，與明朝統治者矛盾很深，陝西也因此成為最早醞釀和爆發農民起義的地區。

天啟七年（西元一六二七年）三月，陝西大旱，澄城知縣張斗耀不顧饑民死活，仍然催逼賦稅，敲骨吸髓地榨取農民。白水縣農民王二聚集了數百個無法活命的農民進行鬥爭，他高聲問大家：「誰敢殺死知縣？」大家異口同聲地說：「我敢殺。」於是王二率饑民衝進縣城，殺死張斗耀，揭開了明末農民起義的序幕。

王二首義點燃了農民戰爭的星星之火，各地紛紛響應。天啟八年（西元一六二八年），陝西府谷王嘉胤、漢南王大梁、安塞高迎祥等領導饑民起義，張獻忠也在延安米脂起義，李自成後來投入高迎祥軍中。這一時期最有影響的是王嘉胤義軍，他們曾經一度占領府谷，稱王設官，建立了臨時性革命政權。但是，農民起義軍沒有統一指揮，各自為戰，而且成分複雜，缺乏推翻明朝政權的明確目標。

陝北起義震驚了明朝統治者，崇禎皇帝準備利用剿撫兼施的策略盡快平息農民起義，三邊總督楊鶴執行以撫為主，以剿為輔的政策，企圖瓦解農民軍。在明軍剿撫兼施進攻下，陝西戰場義軍除壯烈犧牲外，不少首領接受了朝廷招安，呈現出時降時叛的複雜局面。為避開明軍主力，王嘉胤率軍入晉，起義中心轉移到山西。王嘉胤犧牲後，王自用聯合高迎祥、張獻忠、羅汝才各部，號稱三十六營，在山西繼續戰鬥，農民起義軍由分散狀態進入協同作戰階段。義軍勢力壯大，宣告了明朝招撫政策破產，主撫派楊鶴下臺，洪承疇繼任三邊總督，集中力量圍剿起義軍。王自用在崇禎六年（西元一六三三年）作戰犧牲，起義軍在高迎祥領導下與明軍展開了激烈搏鬥，損失很大。為保存實力，起義軍從山西轉入河南。崇禎六年冬，高迎祥、張獻忠、羅汝才、李自成等經澠池縣突破黃河防線，轉移到明軍力量薄弱的豫西，展開了新的戰鬥。

起義軍澠池突圍後，在豫楚川陝交界山區流動作戰，與明軍周旋，明軍不得不分兵把守要隘，窮於追剿，陷入戰線過長，兵力分散的困境。明將洪承疇為改變被動局面，以重兵包圍起義中心地區，實施重點進攻，高迎祥義軍接連敗於確山、朱仙鎮（今河南開封市西南）等地，連連受挫，被迫轉入西部山區。崇禎九年夏，起義軍被圍困在叢山之中長達三個月。高迎祥率部從陝西漢中突圍，遭到陝西巡撫孫傳庭埋伏，被俘犧牲。高迎祥犧牲後，起義軍逐漸形成為兩支勁旅，一支由張獻忠領導，活動在湖北、安徽、河南一帶；另一支由李自成領導，活動在甘肅、寧夏、陝西一帶。

李自成，西元一六〇六年出生在陝西米脂縣一個貧苦農民家庭。當時正是明朝末期，階級矛盾日益尖銳，天災人禍不斷發生。連續多年鬧災荒，土地都被皇親貴族、地主豪紳霸占了。千百萬農民身上無衣，口中無食，受著統治階級殘酷的剝削和壓迫。李自成從小就因欠債被迫給姓艾的地主牧羊。二十一歲那年，他打傷了地主，逃到銀川當一名驛卒。當時，全國到處都有農民起義爆發。西元一六三〇年，張獻忠在陝西米脂十八寨起義，自稱「八大王」。李自成也殺死貪官造了反，在他舅舅高迎祥領導的起義軍中當「闖將」。西元一六三五年，明朝派洪承疇出陝西，朱大典出山東，兩面夾攻起義軍。鬥爭的實踐教育了起義軍，他們深深感到，只有聯合作戰才有力量。同年，各路起義軍會師於河南滎陽，共十三家，七十二營，在一起共商對敵之策。傑出的農民軍領袖李自成提出聯合作戰、分兵出擊的方案，受到大家的支持。

高迎祥是明末農民戰爭早期的一位傑出領袖。一六三六年，他不幸被俘，英勇就義。起義軍把「闖王」這個英雄稱號推讓給屢建戰功、聲望很高的李自成。從此，李自成作了「闖王」。李自成領導著起義軍繼續和明朝作戰，成為中國歷史上一位傑出的農民革命領袖。

李自成領導的起義軍，英勇善戰，南征北討，聲威大震，使腐朽的明統治階級聞風喪膽。他們每到一處，都是砸官府，開糧倉，對官僚、地主堅決鎮壓，把糧食和財物分給人民。他常向群眾宣傳：「我們殺掉欺壓窮人的貴族地主，就是要解除你們的心頭之恨。」因此，李自成很受群眾歡迎。當時在民間廣泛流傳這樣的歌謠：「盼闖王，迎闖王，闖王來了不納糧」、「朝求升，暮求合，近來貧漢難存活，早早開門迎闖王，管叫大小都歡悅」。

闖王領導的起義軍，經歷了艱難曲折的過程。西元一六三七年，李自成起義中了敵人埋伏，隊伍被打散。李自成、劉宗敏等十幾個人被迫隱伏在商洛山中。但他並不灰心，將士們白天耕田練武，晚上讀書思考，吸取歷史上各次農民起義成功和失敗的經驗教訓。研究鬥爭策略，總結自己的鬥爭經驗。

一六三九年，他率眾出山，又受挫折，被困於巴西魚腹山中。後來，李自成只率五十騎人馬突圍，闖入河南。這時，河南大旱，斛穀萬錢，饑民爭相參加起義軍者數萬人，一個更大的革命高潮出現了。起義軍獲得迅速發展，人數達到五十萬以上。西元一六四一年，李自成提出了「均田免糧」的革命綱領。均田就是把土地分給農民；免糧就是取消封建的賦稅剝削，把農民從封建壓迫下解放出來。李自成還特別注意農民軍的自身紀律約束。他規定：戰士不准收藏白金；繳獲物品歸公；行軍不住民房，自帶帳篷宿營；損壞莊稼，嚴厲處罰；「公平交易」，「平買平賣」，不濫殺人，不姦淫婦女。他提出：「殺一人如殺我父，淫一婦如淫我母」的口號。李自成本人作風民主，上下平等，大的決策都和部下討論決定。平日生活簡樸，粗茶淡飯，食無兼味，每天早晨只喝小米粥，與戰士同甘苦，始終保持平民本色。這些正符合被剝削、被壓迫勞苦大眾的願望，對部下是極大的鼓舞。

崇禎十四年（西元一六四一年）一月，李自成攻占洛陽鎮壓了福王朱常洵。次年，攻下襄陽，稱新順王，初步建立了政權機構。張獻忠於崇禎十六年（西元一六四三年）五月攻下武昌，把楚王投入江中。張獻忠在武昌稱大西王，初步建立了政權。次年，張獻忠帶兵入川，八月攻陷成都，在成都稱帝，改元大順，建立大西政權。

李自成攻下襄陽後，在政治上提出「均田免糧」口號爭取群眾，軍事上改變過去流動作戰戰術，建立了各種軍事制度，連克承天府、孝感、黃州等地，基本上摧毀了明朝在河南的精兵。李自成已具備了推翻明朝的實力，並確定了先取關中，繼取山西，後占北京的策略。崇禎十六年（西元一六四三年）十月，李自成大軍攻克潼關，率十萬大軍圍殲明三邊總督孫傳庭，十一月起義軍不戰而進入西安。崇禎十七年（西元一六四四年）一月，李自成在西安建立了大順政權，年號永昌，還頒布了新的曆書，鑄造永昌錢幣，平抑物價，招撫流亡，鎮壓地主豪紳，廢除八股文，選拔官員接管地方政權。這時，李自成的起義軍已經是雄兵百萬了，開始向明王朝發動了總攻擊。

起義軍進入山西後取得了節節勝利，消滅了大量的明朝官軍，迅速攻下了太原、大同、宣化、居庸關、昌平。西元一六四四年三月十七日，起義軍包圍了明王朝的都城——北京。北京明軍不攻自潰，十九日李自成率兵開進北京城。明崇禎皇帝吊死在煤山（今景山）的一棵樹下，統治中國兩百七十六年之久的朱明王朝，終於被李自成領導的農民軍推翻。

但是，農民軍進入北京後，內部發生很大變化。有的將領被勝利衝昏頭腦，變得驕傲自滿、麻痹輕敵，忽視了地主階級倡狂反撲的危險；有的進城後開始退化，不能抵制金錢酒色的侵蝕，逐漸消失原來的革命意志；也有些士兵，以為革命已到盡頭，盼望回家務農。這給關外虎視中原的滿清貴族和明朝的殘餘勢力以可乘之機，勝利果實被滿族貴族和漢族地主官僚篡奪了。西元一六四四年四月，原明朝三海關守將吳三桂引清兵入關，大敗李自成親率的農民軍，李自成撤回北京。二十九日匆忙稱帝，建國大順，次日退出北京；五月初，清軍占領北京。

李自成撤出北京後，經山西退回西安。清軍在清順治元年（西元一六四四年）冬分兵兩路進攻西安，次年二月潼關失守，李自成從西安經襄陽進入武昌，五月，李自成在湖北通山縣南九宮山遭到地主武裝襲擊，壯烈犧牲，年僅三十九歲。順治三年（西元一六二六年），清軍由陝南入川，攻打大西軍，張獻忠於次年七月撤離成都，北上與清軍作戰，十一月犧牲在鳳凰山（今四川南溪縣北）。李自成、張獻忠犧牲後，農民軍部繼續堅持戰鬥，大順農民軍分為兩路，一路由郝搖旗、劉體純等領導，活動在洞庭湖以東地區；另一路由李過、高一功領導，活動在洞庭湖以西地區。大西農民軍在孫可望、李定國率領下轉入川貴，堅持抗清鬥爭。清軍集中兵力鎮壓義軍，李過病逝，高一功、劉體純、郝搖旗等戰死，孫可望降清，李定國兵敗。到順治十五年（西元一六五八年），明末農民軍餘部完全失敗。

明末農民起義最終失敗了，但它的偉大歷史功績是永垂史冊的。它沉重地打擊了地主階級；遏止了土地高度集中的發展，使得農民對地主階級的人身依附關係有所鬆弛；起義中提出的「均田」口號，是唐宋以來農民戰爭的一個新發展，它直接觸及了封建土地所有制，這在中國農民戰爭史上是第一次，標誌著封建社會的農民戰爭已經進入了一個新的歷史階段。

十三、清朝

悄悄崛起的女真人

建立清朝的愛新覺羅家族，是東北女真人部落的一支，屬於明朝建州衛的一部。永樂元年（西元一四〇三年），明朝在今黑龍江依蘭縣一帶設置建州衛，永樂十年又設建州左衛，以猛哥帖木兒（努爾哈赤六世祖）為指揮使，後升為都督僉事和右都督。建州衛和建州左衛幾經遷徙，最後移置於今遼寧渾河支流蘇子河流域。正統七年（西元一四四二年），明朝又增設建州右衛，與建州衛、建州左衛合稱建州三衛。

萬曆三年（西元一五七五年）和十一年，明朝兩次討伐建州右衛指揮使王杲及其子阿臺，努爾哈赤的祖父、建州左衛都指揮使叫場（覺昌安）和父親、建州左衛指揮塔失（塔克世）均充當明總兵李成梁軍的嚮導，在後一次戰役中在古埒城（今瀋陽市鼓樓村東北）遭明軍誤殺。為表示撫慰，努爾哈赤被任為建州左衛都指揮使。同年，努爾哈赤起兵攻打曾協助明軍的蘇克素護部首領尼堪外蘭，報父祖之仇。在此後的十一年間，努爾哈赤先後攻取或招撫了渾河流域和佟家江流域的棟鄂部、渾河上游的哲陳部、哈達河上游的完顏部、鴨綠江部、長白山北麓的珠舍里部和訥殷部。到一五九三年（明萬曆二十一年），努爾哈赤統一了建州女真各部。接著，努爾哈赤開始進攻海西女真的扈倫四部，一五九八年（明萬曆二十六年）征服安楚拉庫路，開始經營東海諸部。一六一六年（明萬曆四十四年），努爾哈赤在赫圖阿拉（今遼寧新賓縣東）稱汗，建金國，史稱後金。不久又征服了葉赫河流域的葉赫部，於是扈倫四部全部歸屬後金。後金天命三年（西元一六一八年，明萬曆四十六年），努爾哈赤興兵反明，接連大敗明軍。以後後金不僅不斷攻占明朝在山海關外的據點，還多次越過長城，威脅北京，最南曾攻至徐州附近。天命九年，蒙古科爾沁部投降後金。天聰九年（西元一六三五年，明崇禎八年），後金出兵滅蒙古察哈爾餘部。崇德元年（西元一六三六年），皇太極登位，改國號為清。接著又征服了索倫諸部，並完全吞併了東海諸部。到崇德八年（西元一六四三年），清朝的疆域已經擴大到明長城以北，包括今內蒙古、東北三省和俄羅斯北至外興安嶺（斯塔諾夫山脈）以北、西起貝加爾湖、東至薩哈林島（庫頁島）間的地區。

康熙：防疫大使與科學狂熱粉

康熙身上有著多種血統、多種文化和多種品格，他的父親是滿洲人，祖母是蒙古人。他深受祖母的教誨，又向蘇麻喇姑（蘇墨爾，孝莊隨嫁貼身侍女）學習蒙古語，向滿洲師傅學習騎射。康熙勇武與奮進，受到了滿洲文化的影響；高遠與大度，得益於蒙古文化的薰陶；仁愛與韜略，來自漢族儒學的營養；後來，他的開放與求新，則是受了耶穌會士西方文化的薰染。康熙具有當時最高的文化素養，這為他展現帝王才氣，實現宏圖大業，奠定了基礎。

康熙是中國歷史上少有的嗜書好學的帝王。他五歲入書房讀書，晝夜苦讀，不論寒暑，甚至廢寢忘食。又喜好書法，「每日寫千餘字，從無間斷」。他讀《大學》、《中庸》、《論語》、《孟子》四書，「必使字字成誦，從來不肯自欺」。後來他要求皇子讀書，讀滿百遍，還要背誦，就是他早年讀書經驗的傳承。

康熙繼位後，學習更加勤奮，甚至過勞咯血，他讀書不是為消遣，而是為「體會古帝王孜孜求治之意」，以治國、平天下。他在出巡途中，深夜乘舟，或居行宮，談《周易》，看《尚書》，讀《左傳》，誦《詩經》，賦詩著文，習以為常，直到花甲之年，仍手不釋卷。

康熙帝重視史籍，下令編纂《清文鑒》（滿文字書）、《康熙字典》、《古今圖書集成》、《全唐詩》、《皇輿全覽圖》等，開一代整理與雕印文化典籍之風。他還有《御製文集》（三集）、《御製詩集》、《幾暇格物編》等傳世，留下一千一百四十七首詩詞。

康熙皇帝對醫學很有興趣，也很有研究，他說自己「年力盛時，能挽十五力弓，發十三把箭」，可見他體格強健，長於弓馬；他也得過幾場大病，這也使他很早留心醫藥學。康熙四十歲那年得了瘧疾，中醫藥未能治癒，耶穌會士洪若翰、劉應進金雞納霜（奎寧）。康熙服用後，很靈驗，病痊癒了，故他召見洪若翰、劉應等，在西安門內賞賜房屋，後這裡成為天主教北堂。曹寅得了瘧疾，康熙賜金雞納霜治好了他，此後，康熙便對西藥產生興趣，命在京城內煉製西藥，還在宮中設立實驗室，試製藥品，親自臨觀。他還提倡種痘以防天花，因為關外的游牧族群特別怕患上天花，順治因患天花而死，康熙也出過天花，故臉上留下麻子。清朝在塞外建避暑山莊、木蘭圍場，原因之一是蒙古貴族可以不入京朝覲，減少出天花的機會。他破除因循，推廣種痘，先為自己子女及宮中女子種痘，還為蒙古四十九旗及喀爾喀蒙古部民種痘，這就使千萬人因種痘而免去患天花死亡，或不死而留下麻子的悲劇。

康熙帝命耶穌會士巴多明將西洋《人體解剖學》書籍翻譯成滿文、漢文。他曾命將一隻冬眠的熊進行解剖，並親自參加。

康熙又喜愛研習自然科學，他學習和研究自然科學的一個動因，是曾經因為不懂自然科學而在處理政事時遇到困難。欽天監楊光先狀告湯若望，朝廷會議展開了一場關於天算曆法的大爭論。當時，康熙命各位大臣在午門前觀測日影，但在九卿中沒有一個懂得天文曆法的，康熙自己也不懂。他想：自己不懂，怎麼能判斷是非呢？因此發憤學習。

康熙二十七年（一六八八年）十一月二十八日，白晉、張誠等六位法國科學家在乾清宮受到康熙帝的召見，他們獻上了從法國帶來的三十件科技儀器和書籍作見面禮。這些非同尋常的禮品令康熙帝「天顏喜悅」，當即決定讓他們入宮，擔任自己的科學顧問。從此開始了外國科學家在清朝宮廷從事科學活動長達數十年的局面。

白晉等人入宮後，與康熙相處很融洽，工作也很順利。他們對康熙熱衷科學的態度給予了高度評價，曾把他們的見聞寫在給路易十四的報告中。一六九八年，巴黎出版的白晉著《中國皇帝康熙傳》（*Portrait historique de l'empereur de la Chine*）中有過如下記述：

「康熙帶著極大的興趣學習西方科學，每天都要花幾個小時與我們在一起，白天和晚上還要用更多的時間自學。他不喜歡嬌生慣養和遊手好閒，常常早起熬夜。儘管我們謹慎地早早就來到宮中，但他還是經常在我們到達之前就準備好了，他急於向我們請教一些他已經做過的一些習題，或者是向我們提出一些新的問題……有時他親自用幾何方法測量距離，山的高度和池塘的寬度。他自己定位，調整各種儀器，精確地計算。然後他再讓別人測量距離。當他看到他計算的結果和別人測量的資料相符合，他就十分高興。」

對從法國帶來的科技儀器，白晉說康熙「最喜歡的是用於觀察天體的雙筒望遠鏡、兩座掛鐘、水平儀，這種儀器精確度很高，他讓把這些儀器擺放在自己的房間裡」，他「拿著直尺和圓規愛不釋手」。

在法國巴黎凡爾賽宮，二〇〇三年曾舉辦了「康熙大帝展」，展出故宮珍藏的康熙年間西洋科學儀器，至今仍運轉自如，光彩耀人。這些展品主要有：（1）手搖電腦。世界上第一臺手搖電腦，是法國科學家帕斯卡於一六四二年製造的，透過裡面的齒輪進位計算。故宮博物院收藏十臺手搖電腦，都是康熙年間製作，能進行加減乘除運算。（2）銅鍍金比例規。原是伽利略發明的計算工具，可以進行乘、除、開平方等各種計算。康熙的比例規增加平分、正弦等不同的計算。（3）康熙角尺。尺上鐫刻有「康熙御製」四個字。（4）平面和立體幾何模型，全部由楠木精製，是清宮造辦處為康熙學習幾何學所製作的教具。（5）繪圖器。質地有銀、木、漆、鯊魚皮等，每套六至二十餘件不等。盒內裝有比例規、半圓儀、分釐尺、假數尺、兩腳規、鴨嘴筆等。為適用野外作業，有的還配有刀子、剪子、鉛筆、火鐮、放大鏡、黑板、畫棒等。這類儀器是康熙時期清宮造辦處仿照西洋繪圖器器製作的，用於野外繪圖。（6）御製簡平地平合璧儀：它是集簡平儀、地平儀、羅盤、象限儀、矩度為一儀的多功能測量儀器，攜帶方便，具有適合野外作業的特點。它共分六層，由清宮內務府造辦處製造。

白晉、張誠之後，又陸續有不少西方科學家來到清宮。他們最大的成績，莫過於促使康熙創建了被他們稱為「中國科學院」的蒙養齋算學館，和促使康熙實施了中國地理大測繪這一偉大創舉。

康熙組織的這次地理大測繪，對世界地理學的貢獻不容低估。法國科學家們也因此而有機會到中國各地考查，在其他方面的收穫也相當大。康熙四十八年（西元一七〇九年），杜德美參加了赴東北的勘測隊，他在長白山見到採參的情況後，把參的性能、產地、採集、保存等等，寫成文字、繪出圖樣寄回法國發表。沒想到四年後，另一位法國科學家參照杜德美有關人參的文章，在加拿大與長白山緯度相近的魁北克一帶，也發現了相似的參。它產於西洋，就有了「西洋參」這個名字。

《四庫全書》的黑暗面

康熙中葉，清朝出現了安定繁榮的局面，到雍（正）乾（隆）年間，清朝國力達於鼎盛，故史學界將康、雍、乾時期稱為康雍乾盛世。纂修於乾隆時期的《四庫全書》（以下簡稱《四庫》）是中國古代最大的一部叢書，是康雍乾盛世經濟富庶、社會安定、國家強盛、文教昌明的產物，是這個時期極其重要的文化成果；也打上了該時期文化專制主義的深刻烙印。

1　經濟繁榮、國家富庶，為《四庫》的纂修奠定了雄厚的物質基礎。康雍乾時期，國家採取了一系列措施，有力地促進了經濟發展。國家富足，國帑充裕，國力鼎盛。朝廷還藏富於民，僅乾隆一朝便數度蠲免全國地丁錢糧和漕糧，總數達白銀兩億多兩，數量空前。此時的中國是世界上最發達的國家之一，經濟總量居世界之首。繁榮的經濟無疑為《四庫》的纂修提供了足夠的財力支撐。從乾隆三十八年此書纂修開始，至四十七年第一部書基本告竣，全書近八萬卷之巨。此後又陸續分抄六部，再加上相關的後續工作，直到五十八年才全部完成。參加纂修的學者和官員累增至二三千人，再加上纂修期間在全國廣泛搜徵圖書以及複雜的禁毀圖書等事項，所耗資金之巨難以累計，沒有康雍乾盛世所積累的強大經濟實力作支撐，是不可能順利完成的。

2　社會安定、國家強盛，為《四庫》的纂修提供了有力的政治保障。康雍乾時期，繼蕩盡南明殘餘之後，又平定三藩之亂及邊疆地區的數度叛亂，收復臺灣，加強了對西藏的控制，打敗了沙俄的入侵，武功達於巔峰，國家愈益強盛。幅員遼闊，社會安寧，邊疆平靖，國家的統一更加鞏固。在政治上，清聖祖及時調整策略，孜孜求治。世宗寬嚴相濟，以嚴糾偏，刷新政治，澄清吏治，革除弊政。建立軍機處，皇權空前加強。高宗繼續強化皇權，打擊離心的宗室貴戚，消除權臣勢力，加強中央對地方的控制。《四庫》的纂修，彙集全國文化精英，前後歷時二十一年，徵書波及全國各地，禁書要梳理所有文獻，再加上與禁書相關的一系列文字獄，這些無疑是以當時強盛的國力、安定的社會秩序、空前強化的皇權以及中央對地方強有力的控制作為政治保障的。

3　學術興旺、文教昌明，為《四庫》的纂修創造了有利的文化條件。至康熙初年，隨著清王朝統治的穩定，滿漢文化由衝突而走向合流。「崇儒重」成為基本國策，清聖祖提出「文教是先」，把文化教育作為治國的根本大計。為此，康雍乾時期，一是努力用儒學去統一作為社會中堅的知識界思想，將經學引向以經學考據為主的學問。同時加強文化高壓，扼制清初以來的經世致用思想，從而迫使知識界將學術研究脫離現實，回過頭來從傳統經學中尋找依據，對儒家經典進行詮釋、考證，乃至致力於文字、音韻、辨偽、校勘等方面的努力。緣此發展，對傳統學術進行全面整理和總結便成為有清一代學術文化的顯著特點。這在學術上典型表現為乾嘉學派的形成風靡朝野，在文獻搜集整理上典型表現為《四庫》的纂修。而乾嘉學派中諸如戴震等前輩名宿大多參與了《四庫》的纂修，其間經歷了對歷代文獻的整理總結以及對自身學術的砥礪精研，因此《四庫》的纂修對乾嘉學派的形成無疑發揮了重要的促進作用。

二是以優越的待遇網羅漢族知識分子為王朝所用。繼科舉取士制度恢復後，康雍乾時期兩次開考博學鴻儒科，以更大的優惠吸引名宿大儒，一經錄取，俱授翰林院官職。當時有代表性的大儒多被其成功籠絡，實現了清廷與廣大漢族知識分子的全面合作。再加上相關的促進學術文化事業發展的政策和舉措，從而造成了以考據學為主流，人才輩出，著述如林，學術文化空前繁榮的局面，這無疑為《四庫》的纂修作了必要的學術積累。而且《四庫》纂修，當時的知識界群英薈萃，如總纂官紀昀、陸錫熊，總閱官陸費墀，纂修兼分校官戴震、周永年、邵晉涵，總目協勘官任大椿、程晉芳，校辦各省送到遺書纂修官朱筠、翁方剛、姚鼐，繕書處分校官金榜、趙懷玉，篆隸分校官王念孫等，多為學界時俊。說明此書的成功纂修，與清廷對漢族知識分子的成功籠絡是分不開的。

三是組織人力編纂各類圖書。康雍乾時期，經學、詩文、史學、典制、性理、音韻、數學、天文、曆法、地理、名物等各類圖書都有大量彙編，類書、叢書層出不窮。特別是萬卷之巨的《古今圖書集成》的編纂，是繼明《永樂大典》之後匯古今圖書於一體的又一部特大型類書。這些可以看作是《四庫》纂修的前奏。

四是圖書的訪求，為《四庫》的纂修提供了更多的可供選擇的文獻。在清初宣導「儒藏」的影響下，訪求天下遺書成為當務之急，所以高宗屢次頒詔訪求。至乾隆三十七年，又一再嚴令搜徵天下遺書。安徽學政朱筠率先回應。次年初，他再次上書，提出輯校《永樂大典》的建議，被朝廷採用。乾隆皇帝欽定書名為《四庫全書》。伴隨著此書的開館纂修，清廷亦開始大規模搜訪遺書。《四庫》收錄圖書三千四百多種、七萬九千多卷，而未予著錄、於總目中僅存書名者便多達六千七百多種、九萬三千多卷，還有因諸多原因而禁毀不存的大量圖書。如此眾多的圖書，除了部分來源於國家藏書之外，數量最多的是來源於各地督撫學政搜求進呈的圖書，總計不下一萬兩千餘種。

4　專制集權、文化高壓，給《四庫》的纂修打下了深刻的歷史烙印。處於封建社會後期的康雍乾時期，專制集權達於極端。再加上民族矛盾等原因，文化高壓政策也達於極端。尤其是雍乾時期，文網嚴密，文字獄迭興，株連不已，稍「不安分」，便可能招至殺頭之禍。在《四庫》纂修開館後的十五年裡，共發生文字獄四十八次之多。在這種文化高壓政策下，纂修《四庫》的文化整理過程，同時也就成為一次文化摧殘和洗劫的過程。雖然在全國發動大規模徵書、獻書運動，但「寓禁於徵」才是其真實意圖。在《四庫》纂修期間，歷代典籍遭全毀或抽毀的共達三千一百多種、十五萬一千餘部，銷毀書版亦達八萬塊以上。其餘圖書則以應刻、應抄、存目三類分別予以處理。這些，應是我們在分析康雍乾盛世與《四庫》之纂修關係時所應當記取的教訓。

議政大臣，皇帝的眼中釘

清代的議政王大臣會議，又稱「國議」，它創建於皇太極崇德二年（西元一六三七年），撤銷於乾隆五十七年（西元一七九二年），共存在過一百五十五年。

議政王大臣會議的出現，顯然是受奴隸制末期軍事民主合議制的影響，但它在存在的一百五十餘年中，其本身的地位和作用，卻有著重大的演變。

議政制的雛形，早在努爾哈赤創建後全國之時就出現了。伴隨著滿族歷史的發展和軍政力量的擴張，亟需研討和處理日趨複雜的事務，努爾哈赤乃在八大貝勒（旗主）會議的基礎上，增設了若干名理政聽訟大臣，或稱議政大臣，責成他們與八旗旗主一同議政，並負責初步的鞫問工作，以供貝勒和汗參考。當時議政大臣的地位遠在八旗主之下，吸收他們參加議政並處理一些事務，僅是作為一種襄助的力量。

努爾哈赤死，皇太極嗣位，他有意識地抑裁大貝勒們的權力，並逐漸提高議政大臣們的地位，「設八議政大臣……總理一切事務，與諸貝勒偕坐共議」，「協議國政，軍國大事，均於此決之」。當時奉諭參加議政王大臣會議的人，當然還僅限於滿洲貴族，但其爵秩資格已經降低為可以委派貝子級的貴族充任。這顯然是為了吸收較低級的貴族參與軍國大政以削弱八和碩貝勒的勢力，並便於控制。崇德二年（西元一六三七年），確定了議政王大臣會議是中央輔政機關。

滿洲貴族入關，建立起統一的大清王朝以後，議政王大臣會議又有了進一步的擴大。順治年間，非滿族的范文程、安達禮、寧完我等也先後受命為議政大臣。這樣以皇帝親信關係，並著眼於國事政治需要，逐漸代替狹隘的氏族血緣關係，有力地擴大了議政王大臣會議的基礎並提高了它的效能，對穩定清初政局，奠定大清朝的統治，顯然是有益的。

當然，議政王大臣會議的活動及其發展，是離不開各有關時期的政治形勢的。康熙初年，發生過索尼、遏必隆、蘇克薩哈、鰲拜四輔政大臣操縱議政王大臣會議以壓抑皇權的事；隨後，又爆發了以吳三桂、耿精忠、尚之信為首的三藩叛亂，康熙曾一度恢復主要由滿洲親王主持的議政王大臣會議，由它掌握核心機密，「凡軍國重務不由閣臣票發者，皆交議政大臣會議」，「議政王之事，俱係國家重大機密事務，會議之時，理應極其慎密」。這顯然是一種非常時期的應變做法。而且，過分地將大權交付給議政王大臣會議，還必須防範到它對皇權的威脅。康熙十六年（西元一六七七年）設立南書房，由皇帝親自挑選某些經過精審確定的親信文人入南書房辦事，組成自己直接控制的機要祕書班子，許多重大政務已不再交付議政王大臣會議討論，改為徑由南書房傳諭或遵旨起草上諭，甚至收納來自各地的密奏小摺，這樣做的目的正是為了更直接地行使皇權。到雍正七年（西元一七二九年）設立了軍機處，創建了朱批密摺制度，一切都由皇帝「乾綱獨斷」，議政王大臣會議更是名存實亡，變成一些不當權的貴胄世爵掛靠之地，或者是給予一些大學士、尚書之類官僚例兼虛銜的部門。雍乾時期，皇帝專政集權體制已經發展到頂峰，作為軍事民主合議制殘留物的議政王大臣會議，當然已無存在的必要。它的趨於衰敗以至最後被裁撤，乃是必然的。

嫌棄英國軍艦的北洋水師

北洋水師，是中國清朝後期建立的第一支近代海軍艦隊。北洋水師一八八八年十二月十七日於山東威海衛劉公島正式成立，最後在甲午戰爭中全軍覆沒。

一八七四年，日本派兵登陸臺灣企圖將之占據，清兵以僅有之戰船赴臺將之驅逐。此事引起朝野的警惕，於是決定每年撥出四百萬兩作為經費（實際用在購置軍艦款項只為每年一百萬兩），加快建設海軍。大清海軍分為三洋：北洋負責山東及以北之黃海、南洋負責山東以南及長江以外之東海，兩廣負責福建、南海。後來當時之南洋大臣沈葆楨，以四百萬年費同建南、北兩洋艦隊經費分散力量不足。而北洋艦隊負責守衛京師，奏准優先集全力建造。

一八七五年，命直隸總督、北洋大臣李鴻章創設北洋水師。李鴻章透過總稅務司赫德在英國訂造四艦炮船，開始清朝海軍向國外購軍艦的歷史。一八七九年，向英國訂造巡洋艦揚威、超勇，又由於對在英國訂造的軍艦不滿意，經過反覆比較，隔年向德國船廠訂造鐵甲艦定遠、鎮遠。一八八一年，先後選定在旅順和威海兩地修建海軍基地。一八八五年，海軍衙門成立，李鴻章遣駐外公使分別向英國、德國訂造巡洋艦致遠、靖遠與經遠、來遠。

一八八八年十二月十七日，北洋水師正式宣告成立，並於同日頒布施行《北洋水師章程》。從此，近代中國正式擁有了一支在當時堪稱世界第六、亞洲第一的海軍艦隊。但一八八八年以後，艦隊經費大幅減少，多被挪置往其他各處，如修建頤和園工程等等。時而正為海軍技術突飛猛進之時，至甲午戰爭爆發時北洋艦隊已多年未置新艦，部份應進行之更新工程如更換新式火炮亦未能進行，而原有的戰艦無論航速、射速皆落後於日本。

史上最夠本的合約

一九〇一年九月七日，由德、奧、匈、比、西、法、英、義、美、日、荷、俄等國公使組成的外交團，在團長葛絡干（西班牙語：Bernardo Jacinto Cólogan y Cólogan）主持下，於十一時在西班牙使館與中國全權大臣奕劻和李鴻章舉行會談，簽署和談最後議定書，儀式於十一時三十分結束。

當日，《辛丑合約》正式簽訂，主要內容有：清政府賠償各國軍費四億五千萬兩白銀，其中沙俄得一億三千多萬兩，以海關和鹽稅作抵押；拆毀北京至大沽的所有沿海炮臺；各國留兵駐守北京至山海關鐵路沿線重要城鎮；在北京劃定使館界，允許各國派兵保護，不准中國人在界內居住；永遠禁止中國人成立或參加反帝組織和運動；將總理衙門改為外務部，班列六部之首。

條約的簽訂，使中國喪失了大量主權。在分贓中，沙俄分得的最多，沙俄外交大臣拉姆斯托夫說：「一九〇〇年的對華戰爭，為歷史上少有的最夠本的戰爭」。

清末新政真的那麼沒用嗎？

晚清統治者所主持的新政與近代民主革命先驅孫中山所領導的反清革命運動，是發生於同一歷史時空中、卻水火不容的重大事件，影響及於後世，非同小可。至於怎樣看待二者的價值與作用，後世研究者也是見仁見智，眾說紛紜。曾幾何時，在革命史觀的研究視野與價值體系裡，史學界大都強調暴力革命而忽視清末統治者的改革成效，許多辛亥革命史與近代通史論著要麼對新政不屑一顧，鮮有提及，要麼照搬當年革命文豪陳天華的思路，斥責新政為「假維新」、「偽變法」，充其量作為辛亥革命的一個背景，輕描淡寫地提一下新政之於近代資本主義經濟發展的「客觀作用」。而近十餘年來，中外學術交流的展開與史學研究的深入，以中國早期現代化為視角重新審視清末新政的論著不斷湧現，錯綜複雜的歷史場景與有關真相也漸次浮出水面。

可以說，中國史學界關於辛亥革命史研究的突破，在一定程度上得益於清末新政研究的突破。不過，在價值評判的層面上，又有人以批判「激進主義」、宣導「權威主義」或「保守主義」為名，偏愛改革而輕視革命，惋惜新政的中斷而指責暴力反清鬥爭乃多此一舉，試圖從根本上否定辛亥革命的歷史必要性和合理性，由此引起的學術紛爭也就在所難免。

平心而論，無論是一致否定新政還是徹底否定辛亥革命，儘管彼此的結論南轅北轍，但在思維方式上卻具有驚人的相似之處，即都是基於顧此失彼或非此即彼、厚此薄彼的極性思維，從而也就忽視了歷史事件與歷史事件之間的時空聯繫，把複雜的歷史處理得過於簡單化，結果使讀者無所適從。

應當承認，經過八國聯軍血洗京師的沉重打擊與奇恥大辱，曾經雙手沾滿「戊戌六君子」鮮血的慈禧太后，在逃亡西安途中所宣布的新政並非完全沒有誠意，也不是沒有具體措施和實際投入，因而，我們不能因為新政的目的是為了維護清朝的統治秩序而否定新政本身。由於歷史條件不同，新政中有關改革的深度與成效，超過十九世紀的洋務運動與戊戌變法，這是沒有疑義的。正是透過新政，中國從傳統的小農社會向現代工商社會轉型的跡象才真正出現。經濟自由政策的頒發，為資本主義經濟的發展提供了一定的制度基礎；現代化的陸軍體制、教育體制與現代化人才觀也開始落戶；現代法律體系與司法制度也開始成型，除了《獎勵公司章程》、《商標註冊試辦章程》、《商人通例》、《公司律》、《破產律》、《法官考試細則》、《集會結社律》等相繼頒布外，《大清刑事民事訴訟法》、《大清新刑律》、《民律草案》這三部大法，就分別在程序法和實體法領域為中國現代法律體系的確立奠定了基礎，其價值與影響也並未因為清朝的覆滅而消失。

不過，也應當同時注意到，新政畢竟是在統治者於十九世紀接連耽擱幾次改革機遇之後才開始的。二十世紀初的中國已是危機四伏、百孔千瘡，一九一一年的反清革命高潮，正是在清朝統治者已無法照舊統治下去時來臨的，從而也就並非如一些極端論者所說的那樣，是孫中山等職業革命家一廂情願的結果，是人為地造勢而成。

首先，清政府長期壓制中國資本主義經濟的發展，民生凋敝與不平等條約所強加的一筆筆巨額賠款，與新政本身的巨額需求之間形成明顯的反差，新政雷大雨小，甚至空有其名之類現象比比皆是。目睹民族危機日益深重，社會各階層原本就對新政期望頗高，也不乏「畢其功於一役」式的渴望，新政的許多方面卻是敷衍塞責，或不盡如人意，二者的懸殊只能加劇社會的分化與動盪。為了擺脫財政困難，貪污腐敗的統治者拿出竭澤而漁的舊花樣，加倍敲榨人民，結果使自衛性的抗糧、抗捐、抗稅鬥爭此起彼伏，憤怒的下層民眾不僅衝擊警局，而且搗毀新式學堂，反而增加了新政的阻力。

其次，自康、乾以降，清朝統治者日趨衰敗，可謂一代不如一代，能否駕馭新政所產生的那些頗具挑戰性的結果，維持其政治局面，也是未知數。以新軍為例，既然它屬於頗具現代化素養的新式國家機器，而且從籌餉、募兵到編練成軍，多由地方督撫直接控制，其獨立性較湘軍、淮軍猶有過之，倘若指望它始終如一地同一個腐朽皇朝保持一致，為它赴湯蹈火，那是不切實際的。君不見，武昌起義爆發時，紫禁城就已無法調動各省新軍火速「助剿」，倒是響應武昌起義者的呼聲不絕如縷。

再以教育改革為例，科舉制的廢除固然加劇了傳統社會結構的分解，士—紳—官三位一體的局面已不復存在，年輕的求學者無論是負笈國內新式學堂，還是浮槎放洋，大都懷抱報效國家之念，潛心救國之道。當他們目睹域外世界經濟發達、國力強盛時，其恨鐵不成鋼的心境便油然而生。他們上下求索，左右對比，一致認為君主專制主義乃中國積貧積弱的總根源，要麼呼籲清朝政府拿出誠意來，實行貨真價實的君主立憲制，要麼主張用暴力將清王朝與君主政體一同埋葬，創建民主共和制。如何把那些見多識廣的熱血青年召喚在陳舊破爛的龍旗下，實在是一個不可解的難題。誠如一向以溫和著稱的梁啟超所說的：「必有大刀闊斧之力，乃能收篳路藍縷之功；必有雷霆萬鈞之能，乃能造鴻鵠千里之勢。若是者，捨冒險未由。」

再次，如果說不乏駕馭群臣手腕的慈禧太后還勉強可以苦撐，那麼在她死後，由優柔寡斷的攝政王載灃和動不動就哭鼻子的隆裕太后作為後繼者，去繼承不無風險的預備立憲的政治遺產，就顯得更糟。當載灃等人把席捲全國的保路運動與國會請願運動鎮壓下去，又愚不可及地將鐵路修築權強行轉讓給列強和拋出「皇族內閣」時，他們就把許多積誠罄哀的請願者踢入革命陣營，自己則成了名副其實的孤家寡人。

對於清末新政與辛亥革命的關係，儘管革命者與新政的主持者清朝統治者是不共戴天的，但辛亥革命與新政是互相聯繫和互相依存著的，無法割斷彼此之間的因果關係。它至少表現在：第一，孫中山等人的革命活動逼得清朝統治者加快新政，特別是預備立憲的步伐，後者以為唯有盡快推行新政，才能使「內亂可弭」；第二，預備立憲促使革命者加快革命的準備，使後者計畫搶在憲法與君主立憲制確立之前推翻清朝，以免革命成為非法而愛新覺羅家族成為「萬世一系」的合法統治者；第三，新政為革命者準備了可資發動的基本力量——新軍與新式知識分子；第四，新政為革命者準備了自己的同盟軍與合作者——資產階級與君主立憲論者；第五，清末預備立憲期間關於民權思想的公開宣傳與歷次國會請願運動的實踐，為中華民國的創建提供了條件；第六，清末的國庫空虛，卻在一定程度上限制了南京臨時政府可資利用的經濟資源，迅速面臨財政危機，督撫專權的趨勢則導致民國初期的軍閥割據與混戰。

顯然，那種站在理想的真空中憧憬新政未來，卻埋怨辛亥革命不該發生、指責革命者添亂的論點，不僅無法保證由清朝統治者自編自演的預備立憲之結局能讓你滿意，也無法回答梁啟超、張謇及其身後一批溫和的國會請願者與廣大資本家在屢遭羞辱之後紛紛轉向革命之舉究竟是對還是錯？此論的主要失誤，不僅在於論者對新政的前景抱有不切實際的幻想，而且以為革命高潮的到來，就是孫中山為首的革命者單方面努力的結果。這與以往那種只承認孫中山等人之於辛亥革命的赫赫功勳，卻無視梁啟超等人的歷史貢獻是異曲同工。

殊不知，一九一一年的反滿大合唱，就是在革命的客觀條件已經成熟，而主觀條件還不太成熟的情況下出現的。事過數年後，孫中山回想起當年的情景時，曾直言不諱地說：「武昌之成功，乃成於意外。」當然，這並不影響我們對孫中山作為革命領袖的整體認識。

十四、歷史雜談

歷史上的七大謎案

1 老子的出關之謎

有史實記載，老子曾西出函谷關，被關令尹喜強留而著書，留下了中國思想史上的巨著五千言《道德經》。而後就騎著一頭大青牛，繼續西行，銷聲匿跡，引起了很多考古學家和歷史學家的興趣，但至今沒有得出很確鑿的證據。

有人說出散關、經流沙，說老子到印度傳教，教出了釋迦牟尼這樣的大弟子，但歷代不少人認為這只是道教為了抬高自己、貶低其他宗教而捏造出來的說法；而有人說晚年的老子在甘肅臨洮落腳，為歸隱老者教煉內丹，養生修道，得道後在臨洮超然臺「飛升」；而又有人胡亂猜測，說那時治安差，有可能被人半路打劫，導之意外身亡。

還有一種說法則認為老子不是西去，而是東歸。《莊子．天道》有一段敘說了老子離職後，便離開周室而「歸居」了。老子的故鄉位於今天的河南省鹿邑縣，離孔子所在的曲阜不遠。孔子還曾拜訪過老子，也就是傳說中的「孔子問禮」。這件事不論是在《莊子》、《韓非子》、《呂氏春秋》，還有在儒家著作《禮記．曾子問》中都有記載，說明老子退隱後東歸的說法比較可靠。

2 西施的生死之謎

西施是中國古代四大美女之首，也是中國第一位女間諜，而做為越之功臣、吳之罪人的西施最後的結局如何，則眾說紛紜。有人說被句踐沉江，《墨子．親士》就說：「西施之沈（「沉」，古作「沈」），其美也。」《太平御覽》引東漢趙曄所撰《吳越春秋》中有關西施的記載說：「吳亡後，越浮西施於江，隨鴟夷以終。」這裡的「浮」字也是「沉」，「鴟夷」就是皮袋。在後人的詩歌裡，也多次提及了西施沉水的事，李商隱的〈景陽井〉：「腸斷吳王宮外水，濁泥猶得葬西施」；皮日休〈館娃宮懷古〉：「不知水葬歸何處，溪月彎彎欲效顰。」這說明在唐代，人們認可西施被沉水的說法。

這與上述記載相同，但民間傳說較多的是被越國大夫范蠡暗暗接走。《越絕書》卻如此記載：「吳亡後，西施復歸范蠡，同泛五湖而去。」而在《史記》這部具有權威性的史書裡，儘管有范蠡的詳盡記載，卻找不到有關西施的隻言片語，難解的謎團讓人倍感缺憾。也有人說被仇恨的吳國人民亂棍打死，至今史學界也沒有統一的結論。

3 徐福的東渡之謎

秦始皇併吞六國、統一全國後，位高權重，最盼望的就是長生長壽，後來聽人說東海上有蓬萊仙島，那裡有服後可以長生的靈芝草，就派徐福率五百童男童女和三千工匠，東渡大海，後來秦始皇至死也沒盼來徐福的消息。

徐福到底去了那裡呢?有人說那時航海技術不佳，碰到大風浪，全部覆沒。而史籍中最早記載徐福史事的是司馬遷，可是沒有講明徐福浮海到了何處，後人以為是臺灣或琉球，也有說是美洲，但大多數認為是日本。

最初提出徐福東渡日本的，是五代後周和尚義楚：「日本國亦名倭國，在東海中。秦時，徐福將五百童男、五百童女止此國，今人物一如長安……又東北千餘里，有山名『富士』亦名『蓬萊』……徐福至此，謂蓬萊，至今子孫皆日秦氏。」義楚稱這一說法來自日本和尚弘順。宋代文學家、史學家歐陽脩也認為徐福東渡到日本；而明初，日本和尚空海到南京，向明太祖獻詩，提到「熊野峰前徐福祠」；清末駐日公使黎庶昌、黃遹憲等人，都參觀了徐福墓，並詩文題記；徐松石在《日本民族的淵源》中說，戰國先秦時期，中國東南沿海民眾大量往日本移民，徐福率領的童男童女是其中一隊，「徐福入海東行，必定真有其事」；香港衛挺生著《徐福入日本建國考》，認為徐福就是日本的開國者神武天皇仲田玄，並認為他是顓頊之後徐駒王二十九世孫；臺灣學者彭雙松著《徐福即是神武天皇》一書，進一步充實衛挺生的觀點。

至今，日本保存著不少徐福活動的遺跡，如和歌山縣徐福和他的傳員七人墓、徐福宮，九州島佐賀縣「徐福上陸地」紀念碑、徐福的石家、徐福祠，另外又有奉祀徐福的金立神社等等。有些學者認為，徐福東渡日本只是傳說，找不到可靠的歷史文獻來證明。更有人認為，徐福東渡日本的傳說，是日本十世紀左右的產物，並非最先由中國人提出來的。徐福當時到的只是渤海灣裡的島嶼，他在日本的事蹟、遺跡、墓地，均屬後人虛設。另外，又有學者認為，徐福東渡是歷史事實，但不是去了日本，而是去了美洲，回為徐福東渡的時間與美洲馬雅文明的興起相吻合，而日本與中國大陸相距甚近，根本不需要耗費鉅資，數年才能抵達。人海茫茫，徐福東渡究竟去了何方，至今尚未有令人信服的答案。

4 楊貴妃生死之謎

楊貴妃是中國家喻戶曉的一位絕代佳人，傳奇的一生曾觸發無數騷客文人的才情，為之吟詩作賦。然而，這位國色天香的美女究竟歸宿如何呢？史書記載，天寶十五年（西元七五六年）六月，洛陽淪陷，潼關失守，唐玄宗狼狽地與眾臣逃跑，其愛妾楊貴妃死於馬嵬驛。可是，文人賦詠與史家記述是相差十萬八千里的，因此楊貴妃的最後歸宿，至今還留下許多疑問。

一種觀點認為，楊玉環或許死於佛堂。《舊唐書．楊貴妃傳》記載：禁軍將領陳玄禮等殺了楊國忠父子之後，以「後患仍存」為由，強烈要求賜楊玉環一死，唐玄宗無奈，與貴妃訣別後只得下令，楊貴妃「遂縊死於佛室」。

也有人認為，楊貴妃也可能死於亂軍之中，這可從一些唐詩中的描述看出。杜牧的「喧呼馬嵬血，零落羽林槍」、張祜的「血埋妃子豔」、溫庭筠的「返魂無驗青煙滅，埋血空生碧草愁」等很多詩句，都認為楊貴妃被亂軍殺死於馬嵬驛，而不是被強迫上吊而死；而一些人稱，楊貴妃之死存在其他的可能，比如有人說她實際上是吞金而死，但這種說法只出現在劉禹錫所作的〈馬嵬行〉一詩；還有一種說法是，楊貴妃沒有死在馬嵬驛，只是被貶為庶人，並被下放於民間。俞平伯先生在《論詩詞曲雜著》中對白居易的〈長恨歌〉以及陳鴻的《長恨歌傳》作了考證。他本人認為白居易的〈長恨歌〉、陳鴻的《長恨歌傳》之本意，蘊含著另一種意思。

還有一種說法認為，楊貴妃最後逃亡到日本。一九八四年出版的《文化譯叢》第五期，張廉譯自日本《中國傳來的故事》一文說，當時馬嵬驛被縊死的乃是個侍女。禁軍將領陳玄禮為貴妃美色所吸引，不忍殺之，遂與高力士謀，以侍女代死。楊貴妃則由陳玄禮的親信護送南逃，大約在今上海附近揚帆出海，經海上漂泊，輾轉來到日本久穀町久，最終在日本安度晚年，但其生死情況究竟如何，至今仍令人難解。

5 宋太祖暴死之謎

趙匡胤於西元九六〇年發動陳橋兵變，黃袍加身，做了十七年皇帝，到西元九七六年便撒手歸西了，而正史中沒有他死亡的明確記載，《宋史．太祖本紀》中的有關記載也只有簡單的兩句話：「帝崩於萬歲殿，年五十。」「受命杜太后，傳位太宗。」因此他的駕崩一直是一個不解之謎。一種意見是宋太宗「弒兄奪位」，持此說的人以《續湘山野錄》所載為依據，認為宋太祖是在燭影斧聲中突然死去的，而宋太宗當晚又留宿於禁中，次日便在靈柩前即位，實難脫弒兄之嫌。蔡東藩《宋史通俗演義》和李逸侯《宋宮十八朝演義》都沿襲了上述說法，並加以渲染，增添了許多宋太宗「弒兄」的細節。

另一種意見認為，宋太祖的死與宋太宗無關，持此說的人引用司馬光《涑水紀聞》的記載為宋太宗辯解開脫。據《涑水紀聞》記載，宋太祖駕崩後，已是四鼓時分，孝章宋后派人召太祖的四子秦王趙德芳人宮，但使者卻徑趨開封府召趙光義。趙光義大驚，猶豫不敢前行，經使者催促，才於雪下步行進宮。據此，太祖死時，太宗並不在寢殿，因而不可能「弒兄」。畢沅《續資治通鑑》即力主這一說法；還有一種意見，雖沒有肯定宋太宗就是弒兄的兇手，但認為他無法開脫奪位的嫌疑，因為在趙光義即位的過程中確實有一系列的反常現象，即據《涑水紀聞》所載，宋后召的是秦王趙德芳，趙光義卻搶先進宮，塑造既成事實。宋后見無回天之力，只得向他口呼「官家」了。

《宋史．太宗本紀》也曾提出一串疑問：太宗即位後，為什麼不照嗣統繼位次年改元的慣例，而急急忙忙將只剩兩個月的開寶九年改為太平興國元年？既然杜太后有「皇位傳弟」的遺詔，太宗為何要一再迫害自己的弟弟趙廷美，使他鬱鬱而死？太宗即位後，太祖的次子武功郡王趙德昭為何自殺？太宗曾加封皇嫂宋后為「開寶皇后」，但她死後，為什麼不按皇后的禮儀治喪？

上述跡象表明，宋太宗即位是非正常繼統，後人怎麼會不提出疑義呢？近世學術界基本上肯定，宋太祖確實死於非命，但有關具體的死因，則又有一些新的說法。一是從醫學的角度出發，認為太祖死於家族遺傳的躁鬱症；一說承認太祖與太宗之間有較深的矛盾，但認為「燭影斧聲」事件只是一次偶然性的突發事件。其起因是太宗趁太祖熟睡之際，調戲其寵姬花蕊夫人費氏，被太祖發覺而怒斥之。太宗自知無法取得胞兄諒宥，便下了毒手。縱觀古今諸說，似乎都論之有據，言之成理，然而有關宋太祖之死，目前仍未找到確鑿無疑的材料。

6 明建文帝生死之謎

明太祖朱元璋死後，燕王朱棣於建文元年（西元一三九九年）以「清君側之惡」的名義舉兵反抗朝廷，至建文四年朱棣由燕王榮登皇位而結束，歷時四年。就在朱棣攻入南京時，皇宮已是一片大火，建文帝下落不明。此後，有關惠帝已經出逃的傳聞頗多，明成祖對此總是不放心，這件事也幾乎成為他的一塊心病。數百年來，建文帝的下落也是一樁爭訟不決的歷史懸案。綜合各家說法，主要有「焚死」說和「逃亡」說兩種。

一種說法認為建文帝是自焚而死的。據永樂年間修撰的《明太祖實錄》中記載，燕王朱棣發動「靖難之役」，經過四年的征戰，燕王獲得全勝，建文四年（西元一四〇二年）六月十三日，燕王統領大軍開進南京金川門，建文帝也消失蹤影；與此同時，建文帝所使用的寶璽也毫無蹤影。《太宗實錄》卷九記載：「上（即明成祖朱棣）望見宮中煙起，急遣中使往救，至已不及。中使出其屍於火中，還白上，上哭曰：『果然，若是癡耶！吾來為扶翼不為善，不意不諒而遽至此乎！』……壬申，備禮葬建文君，遣官致祭，輟朝三日。」

仁宗朱高熾御製長陵碑後也說，建文帝歿後，成祖備以天子禮儀殮葬。成祖後來在給朝鮮國王的詔書中說：沒想到建文帝在奸臣的威逼下縱火自殺；但是，太監在火後餘燼中多次查找，只找到馬皇后與太子朱文奎的遺骸，建文帝是活是亡無從得知。燕王為讓天下知建文帝已自焚，曾作有祭文，但其墳墓在什麼地方，無人可知。明末崇禎帝就曾說過：想給建文帝上墳，卻不知在何處。另一種說法是在南京攻破之時，建文帝曾想自殺，但在其親信說服下，削髮為僧，從地道逃出了皇宮，隱姓埋名，浪跡江湖。明成祖死後，他又回到京城，死後葬於京郊西山。

朱棣登位後，感到生死未卜的建文帝對他有一種無形的壓力，因此多次派心腹大臣到處訪問。永樂年間鄭和下西洋的陪同官員中，有不少錦衣衛士，這顯然就是用於暗中察訪建文帝的。明成祖曾向天下寺院頒布《僧道度牒疏》，將所有僧人名冊重新整理，對僧人進行了一次全方位的調查。從永樂五年（西元一四〇七年）起，還派人以尋訪仙人張邋遢為名到處查找，涉及大江南北，前後共二十餘年。

民間傳言中，在許多地方都有建文帝的蹤跡與傳說。有的說建文帝先逃到雲貴地區，後來又輾轉到了南洋一帶，直到現在，雲南大理仍有人以惠帝（建文帝）為鼻祖。也有現代學者認為，當年建文帝潛逃後，曾藏於江蘇吳縣黿山普濟寺內，接著隱匿於穹窿山皇駕庵，於永樂二十一年（西元一四二三年）在此病亡，埋於庵後小山坡上。至於建文帝的下落到底如何，以上兩種說法都無法給出令人滿意的答案。

7　李自成的生死之謎

李自成，陝西米脂人。他家境貧寒，但有勇有謀，大仁大義。他當過驛卒，當過邊兵，最後加入了反明的農民起義軍，南征北戰，不斷壯大，幾十萬大軍所向披靡，終於推翻了政治腐敗、經濟崩潰、搖搖欲墜的明王朝。但因鎮守山海關的明將吳三桂勾引清軍入關，李自成領兵退出北京，轉戰河南、陝西、湖北等地，最後不知所終。有人說李自成在九宮山遇難。《明史》的結論是，自成已死，屍朽莫辨。

它的根據是，當時追擊李自成的清朝靖遠大將軍阿濟格給朝廷的報告說，李自成兵盡力盡，僅帶親信二十人，竄入九宮山中，被村民圍困，無法脫逃，自縊而死。他派人前去驗屍，而屍體已經腐爛，無法辨認了。還有一個根據是，南明王朝駐湘將領兵部尚書何騰蛟給唐王的報告稱，他的部眾已將李自成斬於九宮山下，只是丟了首級。但是，這個「遇難」說卻難以令人相信。因為李自成雄才大略，驍勇非常，一直是官府的死敵。

無疑，他是清王朝或南明王朝統治者心目中的大患，他的生死絕對是當時的重大事件。而阿濟格報告中說是「屍朽莫辨」，純屬浮誇不實，清王朝怎能相信？何騰蛟的報告簡直就是馬後一炮，謊報戰功，南明王朝也不會相信的。特別值得一提的是，李自成退居湖湘時，他的手下還有四十餘萬兵馬，駐九宮山一帶至少也有數萬人，說他僅帶二十名親信與事實明顯不符。況且，如果李自成真的被殺，他的幾十萬大軍豈能善罷甘休？九宮山能平靜嗎？

然而，事實上，當時九宮山很平靜，那幾十萬大軍也很平靜。那麼，為什麼有「遇難」一說，而且在民間廣泛流傳？據推測，這是李自成與其部下放的煙幕彈，一個緩兵之計。一方面，揚言李自成已死，可以打消南明王朝對這支大軍的敵意，下一步可能聯合抗清；另一方面，使清王朝以為心腹之患已除，放鬆警惕，一旦時機成熟，李自成可東山再起。也有人說李自成在夾山寺隱居。據說清朝初年，即將上任的雲南同知張瓊伯在赴任途中，遊訪石門夾山寺，與寺中方丈談古論今，頗為投緣，相見恨晚，視為知己。幾年後，他又重訪夾山寺，方丈已死。悼念之中，方丈的徒弟告訴他：那方丈就是威震天下的闖王李自成。在九宮山替死的是他的部將孫某。乾隆初年，澧州知州何某親赴夾山寺調查李自成的下落，在寺中他親眼見過一幅李自成的畫像，據稱叫「奉天玉和尚」。一九八一年，在石門夾山寺發現了奉天玉大和尚墓。據考查，在一個瓷壇中盛的遺骨，與李自成身材相近，墓中陪葬物與李自成家鄉陝西米脂縣的習俗相同，但這一說法仍有不同意見。

有人說，奉天玉大和尚墓等的發現，只能說明石門夾山寺確實有奉天玉大和尚這個人，並不能證明奉天玉大和尚就是李自成；又有人說，李自成生前左眼曾受箭傷失明，但李自成畫像卻雙目炯炯有神，以此證明奉天玉不是李自成。因而，李自成隱居於夾山寺一說，也成不了定論，李自成的生死之謎至今仍成為史學家探討不休的事。

電子書購買

國家圖書館出版品預行編目資料

斜槓古人 一些微浮誇、小荒唐的古人日常：古代當官有試用期 × 梁朝有個宇宙大將軍 × 宋朝人數學很好 × 元朝也有洗門風 / 孟飛, 呂雙波編著 . -- 第一版 . -- 臺北市：崧燁文化事業有限公司 , 2021.09

面； 公分

POD 版

ISBN 978-986-516-814-8(平裝)

1. 中國史 2. 通俗史話

610.9　　110013660

斜槓古人　一些微浮誇、小荒唐的古人日常：古代當官有試用期╳梁朝有個宇宙大將軍╳宋朝人數學很好╳元朝也有洗門風

臉書

編　　著：孟飛，呂雙波
編　　輯：簡敬容
發 行 人：黃振庭
出 版 者：崧燁文化事業有限公司
發 行 者：崧燁文化事業有限公司
E-mail：sonbookservice@gmail.com
粉 絲 頁：https://www.facebook.com/sonbookss/
網　　址：https://sonbook.net/
地　　址：台北市中正區重慶南路一段六十一號八樓 815 室
Rm. 815, 8F., No.61, Sec. 1, Chongqing S. Rd., Zhongzheng Dist., Taipei City 100, Taiwan (R.O.C)
電　　話：(02)2370-3310　　　傳　　真：(02) 2388-1990
印　　刷：京峯彩色印刷有限公司（京峰數位）

定　　價：375 元
發行日期：2021 年 09 月第一版
◎本書以 POD 印製